U0141517

大是文化

Bienvenue en
économie de guerre!

歡迎來到戰時經濟

盤據市場、追求 ESG、
撤出中國……都行不通！
戰時生活怎麼好過？

知名法籍財經專家、資深投資者
法國《輿論報》、《回聲報》固定專欄作家
大衛・巴維雷斯
David Baverez——著
黃明玲——譯

「讓夢想實現的最好方法，就是甦醒。」

——法國作家保羅・瓦勒里（Paul Valéry）

獻給 皮耶—艾蒂安（Pierre-Étienne），
持續不懈追求卓越的英勇戰士。

Contents

推薦序一　歐洲在全球化浪潮中覺醒，迎來戰時經濟／吳嘉隆……09
推薦序二　理解地緣政治，危機也可能是轉機／巫師地理……13
中文版序　戰時經濟，你我都該關心的事……17
前　　言　歡迎來到戰時經濟……23

—第一章—
歡迎來到戰時經濟時代……31
01俄烏戰爭：被歐洲誤解的中美衝突……34
02中共二十大：新馬克斯列寧主義……57

第二章
典範轉移：懂生產的企業掌握財富……71
01 四重危機併發……73
02 邁向戰時經濟，決定性的價值轉移……86
03 交易形式的「混亂星球」……96
第三章
地緣政治與經濟被迫緊密結合……105
01 從世仇到密友的德法……108
02 兩個孤立個體在藍海中結合……111
03 修昔底德陷阱的快樂解方？……125
04 混亂能力……149

第四章

ESG定義得改寫：能源、安全、戰爭……161

01動盪中的企業……164
02親愛（又昂貴）的能源……180
03最大的安全危機來自內部……190
04「戰爭」：供給政策……199

第五章

新的地緣治理……211

01新的資金流動與地緣政治……213
02美中歐如何角力……224

結語 斷絕，是新的開始……261

推薦序一

歐洲在全球化浪潮中覺醒，迎來戰時經濟

——總體經濟學家、資深政經評論家／吳嘉隆

過去三十年，從一九九二年鄧小平南巡開始，中國借助美國主導的全球化浪潮，走上了大國崛起之路，並回過頭來，想在全球化浪潮中與美國平起平坐，挑戰世界領導的地位。此一舉動終於促成了美國的覺醒，並對全球化進行全面省思。

而現在，輪到歐洲了！

本書作者從歐洲的角度出發，探討「全球化一・〇」到「全球化二・〇」的過渡期，這正是當今國際政治與經濟情勢的核心主軸。

從美國、歐洲，到日本、韓國，再到中國、越南、印度、俄羅斯，各國都想在全球化的修正浪潮中找到自己的位置，臺灣當然也不例外。

事實上，全球化並非已死，而是進入修正期，走向全球化二・〇。

作者大衛・巴維雷斯（David Baverez）在書中首先提出「三十年大週期」的概念，它的基本邏輯是，全球化走了三十年，產生了許多新問題，需要重新審視與調整。

全球化一・〇算是一個純粹由總體經濟掛帥的時代，國際分工依據傳統的自由經濟理論展開，透過比較優勢追求經濟利益，也就對應於作者所謂的「和平經濟時代」。

然而，在這樣全球化的情況下，產生了受益者與受害者，造成社會撕裂現象，所得與財富分配的差距嚴重惡化。資本家、跨國企業高階主管等專業人士，可以在全球各地飛來飛去，尋找資源的優化配置，他們是全球化的受益者；相對的，勞工階級、在地產業等沒辦法在國際間移動、展開資源優化配置，成了受害者。

這樣的社會撕裂，逼迫美國開始重新思考全球化，也促成了唐納・川普（Donald Trump）的崛起，因為他正是為全球化的受害者發聲。

在川普一・〇時代，美國對中國打貿易戰，要求中國拿掉不公平貿易行為。美中關係的惡化，終於讓全球化走向「戰時經濟時代」。結果，在這個全球化二・〇時代，地緣政治介入總體經濟，單純追逐經濟利益的時代結束了，供應鏈安全、技術安全或經濟安全的重要性後來居上，成為新顯學。

本書的重要貢獻就是提出架構，以重新審視全球化浪潮。在這個架構中，全球經濟正從和平經濟向戰時經濟過渡。作者進一步把三十年長週期的分水嶺設定在二〇二二年，因為當年發生兩起重大事件，分別是俄羅斯入侵烏克蘭，以及中共召開二十大。

作者的論述從中國與俄羅斯推動的「去西方化」展開，囊括了以下三項要點：一、去民主化，這反映了民眾對民主的質疑，因為看到民主社會出現社會撕裂現象；二、去北約化，則代表人們對美國軍事承諾的質疑，背後是歐洲希望降低對美國的安全依賴；以及最後一點——去美元化，以化解被美國金融制裁的困境。

其實，民主制度有自我修正能力，許多新興民主國家正在提升他們的民主運作。北約的集體防衛概念也延伸到東北亞，亞洲版的北約（NATO）正在形成；最後，不管你如何唱衰美元，美元仍然是當今最流通、最安全的資產。

作者反映出歐洲的掙扎，俄烏戰爭已證明用經濟利益無法約束俄國的擴張野心，所以地緣政治進入總體經濟，對安全的考量則加入貿易的分工。

全球化二．〇將會在遵守規則與遵守協議的國家間進行，美國會更好的結合歐洲與日本、臺灣等朋友，打造一個更公平、更可持續的全球貿易架構。

「川普二・〇」則強調遵守規則與協議，將對國際機構進行「大重置」，改組世界貿易組織（只有市場經濟體才有資格加入）與聯合國（只有民主國家才可以加入），把全球化二・〇推進到「最後一哩路」。

在全球化二・〇的時代中，臺灣讀者必須擴大視野。儘管本書是以歐洲觀點出發，仍能刺激身為亞洲人的我們思考，重新審視全球化帶來的地緣政治與總體經濟效益，為自己重新找到最有利的位置。

你不一定會同意作者的論點，但本書肯定能提供你一個有用的架構，刺激你這方面的思考。

推薦序二

理解地緣政治，危機也可能是轉機

——地理與國際情勢粉專／巫師地理

邁向二〇二五年、放眼二〇三〇年，儘管時光飛逝，這些年分曾在許多小說中被設定為「未來」，當前的人類文明卻仍不足以克服許多難題，比如對化石燃料的依賴、氣候變遷、區域衝突、糧食不均等。它們的面向很廣泛，涉及不同國家間的合作，也牽涉到民主與專制體制的對話。

回顧二〇二二年到二〇二四年這三年，全球歷經了中美貿易戰、新冠疫情、俄烏戰爭、以哈衝突、主要大國的選舉、通貨膨脹等，臺灣作為世界的一環，我們難以置身事外，地緣政治、國際貿易或多或少會影響你我的生活；過去種種事件，時至今日，許多都還在進行式。

國際情勢在各式各樣的事件中持續發酵、餘波盪漾。後疫情時代，隨之興起的人工智慧、遠距會議，加上已開發國家多數進入高齡社會，面臨缺工問題，甚至跨國企業的生產部分、供應鏈，都在重新衡量應該如何布局會更適切。

臺灣，作為高度依賴國際貿易的島嶼，海運及空運是重要經濟命脈，我們需要關切周邊區域的態勢，甚至重要貿易夥伴的動向，例如日本、歐盟、美國等。

本書提及了四個關鍵危機，分別是能源、民主與社會、債務、環境，這四方面對於二十一世紀以來、甚至二戰以來，都是大時代的難題。特別在中國歷經快速成長後，習近平政權執政，美、中兩國各自代表不同的政治體系，相互抗衡。

中國與俄羅斯、北韓、敘利亞、伊朗、委內瑞拉，甚至金磚國家、一帶一路等組織，有著不同程度的拉攏關係。

美國在歷經巴拉克．歐巴馬（Barack Obama）、川普、喬．拜登（Joe Biden）執政，到川普再次回歸，與自由民主陣營仍有一定程度來往，包含歐盟、日本、澳紐等。臺灣作為第一島鏈國家，介於上述兩大陣營的交界，位居東亞國家的重要地理位置，我們不得不洞察國際局勢，也無法「保持現狀」，必須因應情勢而有所對策。

地緣政治是近年再次興起的顯學。人們仍對世界局勢感到擔憂，儘管大家都希望和平，但要做到十分困難，需要讓不同立場的人們在詭譎多變、利益衡量、派系主義、意識型態等前提下達成共識。各地區域衝突仍然大小不斷，甚至聯合國等重要國際組織都難以調停。

政治經濟的走勢，勢必影響著各國發展，產業貿易要如何在這些危機、挑戰，找出一條適合的出路？理解地緣政治，多少可以降低風險。全世界也在近年來，看到臺灣的經濟實力，像是醫療防疫、半導體、工具機、通訊等。國際上也一定程度的倚賴臺灣技術發展。

因此，危機也可能是轉機。面對各區域衝突及全球危機議題，若我們可以對於戰事伸出援手，進行人道救援，特別是與臺灣有類似處境的烏克蘭，西方民主陣營也能看見臺灣的能力；若我們可以因應晶片需求與多國技術合作，像是日本、美國、德國，也能深化經貿交流；若我們可以因應氣候變遷、災害防救進行研發，臺灣也能為世界做出貢獻。

本書提供我們重新審視時代變局的機會，期許每個人都能在時代的浪潮中，以更有智慧、前瞻性的角度洞察國際態勢，也能找到能安身立命的個人定位。

中文版序
戰時經濟，你我都該關心的事

一年前，在我開始寫這本書時，曾預測世界將進入戰時經濟時期，卻低估了這項轉變在接下來十二個月的發展速度。

首先，中國在二〇二四年七月召開的三中全會[1]上，重申出口製造業為絕對優先項目，並犧牲了國內消費。這表示中國人民必須獨力承擔，這場規模空前的房地產危機所帶來的損失。

同年九月，中國政府宣布的經濟刺激措施，與振興經濟所需要的「火箭筒式刺激

1 中國共產黨中央委員會第三次全體會議。

（bazooka stimulus）[2]」計畫相差甚遠，充其量只能讓國營企業稍微喘口氣，但私營企業仍處於投資暫停狀態。

此外，在資本和勞動力方面，中國發展了「低生產力創新」的全新模式，使製造業貿易順差占全球國民生產毛額（GNP）近二%的現象預計持續，各國對此不平衡局面越來越難以接受。

在中國政府的大力補助下，幾乎可以預見繼二〇〇一年中國加入世界貿易組織（WTO），首度對全球造成衝擊後，將出現「第二次中國衝擊」。產能過剩終將導致貿易緊張，不僅是在中美與中歐之間，也涉及被剝奪了工業發展希望的新興國家。

接著，在「川普二·〇」的領導方針下，美國打算在未來十年內增加近七·五兆美元的公共債務，相當於國民生產毛額的估計成長幅度。公共赤字預計占GDP的七%至九%，逼近兩次大戰期間才會出現的比率水準。

美國過度消費的生活方式將繼續由全球提供資金，而非依靠提升國內生產力。唯有生成式人工智慧貨幣化（Monetization）[3]，才可能為美國帶來所需的生產力成長。

山姆大叔[4]的道德淪喪，是新教倫理[5]瓦解的結果，整場總統選舉瀰漫著道德低落的氣氛，而「全球南方（Global South）[6]」則成了最大贏家。華盛頓當局對以色列政府的支持，清楚顯示出其更重視現實利益，勝過於堅守原則與道德價值，不僅加劇全球反美情緒，並助長「去北約化（dés-otanisation）」的趨勢。

至於歐洲，二〇二四年六月的歐洲議會選舉中，法國和德國的極右勢力強勢崛起，歐洲繼續走在去民主化（dé-democratisation）的險路上。歐洲政治領袖極力將前歐洲央行總裁德拉吉（Mario Draghi）呼籲「歐盟必須徹底改變」的報告，遞延至投票後才公布，這已充分說明他們的不負責任。

歐洲面臨雙重夾擊，一方面是美國透過能源、國防、軟體和罰款等強加的成本激增，另一方面是第二次中國衝擊所帶來的致命通縮，而歐洲只有在深度危機結束時才能瞥見重生的曙光。唯一的希望是結合傳統上道德高尚的北方會員國，組織新的軸心、重

2 指強而有力、大規模的經濟政策或干預，能打破停滯、重建信心和防止長期衰退。
3 貨幣化是將某些東西轉換為金錢，或是使其有賺取利潤能力的過程。
4 指美國。山姆大叔（Uncle Sam）是美國的綽號和擬人化形象。
5 強調個人責任、勤勞和節儉，是達到成功和精神救贖的重要途徑。
6 指開發中國家，與已開發國家（全球北方，Global North）相對。

新振作，而具有改革開放意識的南方國家以義大利為首團結起來，東歐國家則以高度意識到俄羅斯威脅的波蘭為中心形成聯邦。

氣候變化、人工智慧和地緣政治的回歸，是企業界認為影響未來十年的三大關鍵因素。尤其是地緣政治，因其規模、迫切性以及企業欠缺準備，影響最巨。

新一代的地緣政治風險專家必須面對史無前例的價值轉移，從需求轉移到供給，這正是戰時經濟的重要特性。具備前瞻性眼光的企業不僅已經重新思考關鍵資源的供應，同時也改變了他們的供應鏈行為，並加強物流的應變能力，優化生產的靈活性，以滿足當前極度不穩定的需求。

最後，進入戰時經濟，人民將是最大的輸家，但在面對政府的失能時，其克服衝擊的能力令人驚訝。在中國，由於擔心夏季期間經濟幾乎停擺引起社會動盪，北京在黃金週之前，首次公開承認其監管控制私人資本的不良後果；在伊朗，改革派候選人裴澤斯基安（Masoud Pezeshkian）在總統大選中以民主的方式勝出，令人大感意外；在法國，巴黎順利舉辦奧運，由於民眾的參與取得了驚人的成功。

在美國，越來越多的言論開始擔憂生成式人工智慧的興起，將使內戰風險增加。社群網路上的按「讚」獨裁，已經誤導扭曲事實內容，如今更讓危險的假消息滿天飛。

二〇二四年這一年，不論公民、企業還是政府，已充分體認我們進入了戰時經濟時期。這絕非迫使我們走向悲觀，相反的，它要我們重新思考一種新的社會契約基礎，主要目的在於確保未來不要受到過去的不當影響，因為它將完全不同於上一個從一九八九年至二〇二〇年的週期。

這就是為什麼戰時經濟是每個人都應該關心的事，而且它比以往任何時候更需要從新定義的ＥＳＧ，即能源、安全、戰爭三個面向著手，才能擺脫困境，重獲生機。

前言
歡迎來到戰時經濟

二〇二三年六月初，我從居住了十多年的香港回到巴黎避暑。每次參加晚宴，我都會被問到同樣的老問題：「你九月不會回香港吧？看你在《輿論報》（*L'Opinion*）寫的文章，他們肯定會把你關進牢裡！」

二〇二三年六月二十七日，巴黎郊區楠泰爾（Nanterre）發生暴動，迅速延燒到法國許多城鎮。我之前服務的一位香港投資客戶，看到媒體轉播畫面後，驚慌的打電話給我問道：「你有辦法到戴高樂機場（Aéroport Paris-Charles-de-Gaulle）嗎？買得到國泰航空的機票嗎？還是我派私人飛機去接你？」

巴黎，在英國脫歐後，取代倫敦成為歐洲的首要都市；而香港，則一直是亞洲的金融之都。這兩個在歷史上互相仰慕的世界中心，怎麼都認為另一邊不能再待下去了？這不就是我們長久以來習慣的「昨日世界」，正在崩塌的最佳證明嗎？

二〇二二年是深刻斷絕（rupture）的一年，代表著從一九八九年柏林圍牆倒塌開始的三十年週期就此結束。它也宣告了舊時代的終結——一個自由而無界線、國際貿易頻繁、因網際網路而資訊交流便利、全球化促進全球財富成長、科技帶來通貨緊縮，低利率使債務負擔減輕的世界。

三十年週期結束了。相信所有尊崇尼古拉．康德拉季耶夫（Nikolai Kondratiev）的經濟學家，大概都十分熟悉這類的週期性理論[1]。不過，在二〇二四年開啟的新世界中，「戰時經濟」正在接替「和平經濟」。

在美國道德崩潰、歐洲政治疲弱，以及中國新馬克思列寧主義（Néo-lénino-marxisme）出現等猛烈衝擊之下，正式宣告一九四五年以來的全球治理已開始尋求「去西方化」，連帶產生三個必然後果：全球去民主化、去北約化，以及去美元化。

二〇二二年的兩起重大事件，其中一件在歐洲仍被誤解，而另一件則被忽視。事件一，俄羅斯二〇二二年二月在烏克蘭發動的戰爭，事實上是中美衝突，宣告進入「第二次冷戰」；事件二，十月召開的中國共產黨第二十次全國代表大會（簡稱中共二十大），標誌著中國前領導人鄧小平所建立的集體領導制度的告終。

俄烏戰爭導致歐洲被葉門化（Yémenisation）（詳見第一章），成為新的全球衝突的外部競技場地，就像當時葉門在伊朗與沙烏地阿拉伯衝突中所遭受的一樣。

中共二十大提出的新馬克思列寧主義，正以前所未有的方式汙染全球二〇％的國民生產毛額，表明「幸福全球化（mondialisation heureuse）」就此結束。

結果，這同時引發了四項危機，堪稱爆炸性組合：**一是能源危機**，其規模約為國民生產毛額的三％，令人回想起一九七〇年代石油危機；**二是民主與社會危機**，最顯著的現象是貧富不均，這也是一九三〇年代經濟危機的主因；**三是債務危機**，全球主要經濟體的私人和公共債務總和，最高達到國民生產毛額的三〇〇％，嚴重情況可與一九四五年戰後時期相比；**四是前所未有的環境危機**，迫使世界在歷史上，首次開始追求生產效率更低、成本更高的新能源。

1 此指康德拉季耶夫長波理論（Kondratiev waves），是一種以約五十年至六十年為一循環的經濟週期現象。一般將長波分成兩段：上升的 A 階段與下降的 B 階段。長波理論學者一般認為第一次工業革命後，我們已經歷了五個長波，作者便以此來描述下一個週期將開始，且會完全不同於前一週期。

我們將進入「混亂星球」新時代。享受了三十年的和平經濟將轉向戰時經濟，而且很不幸的，**人類歷史每隔一段時期就會面臨這樣的情況**。與其震驚或哀怨，不如嘗試適應它。

在戰時經濟期間，許多參考元素都被顛覆了：信任關係發生了變化；依賴關係取代了權力平衡；多邊關係轉變為雙邊交易；法規制度受到任意破壞；保護主義回歸，自由貿易受到邊界上升的威脅；網路風險從公領域轉移到私領域，衝突也上升到高強度。

地緣政治將重新強力介入經濟領域，在上一週期，這兩個領域的專家一直保持著距離。地緣政治專家毫不掩飾其對重商主義企業老闆的強烈鄙視；跨國企業領導人則寧可忽視所謂的地緣政治專家表現出來的傲慢態度，那些專家直到俄烏戰爭爆發前夕，還一再否認衝突會爆發。雙方因為對彼此的鄙視或輕慢，互不理會。

然而今天，他們必須和解。這是雙方陣營在新局面取得勝利的唯一方法。關注國際經濟活動有助於地緣政治專家熟悉新型態戰爭、價值鏈的依賴性和生產力提高，以充分領會「混合戰」的概念。

如此一來，地緣政治專家就能夠為著名的修昔底德陷阱（Thucydides Trap）[2]，擬定擺脫中美問題的方案，請美國對中國採取「先遏制（containment）後接觸（engagement）」的步驟，複製一九六〇至一九八〇年間美國對抗蘇聯的成功策略。

唯有結合地緣政治的範疇，經濟決策者才能機敏的反應過來，適應戰時經濟中發生的價值與權力巨大轉變。

企業績效的關鍵標準必須重新定義，並引進新的運作模式，要以「混亂能力」取代「核心能力（core competence）」，並由此導引出一種與以往完全不同的經營模式：以往被過度利用的營業槓桿（operating leverage）將被風險控制取代；外包給市場所在地的生產模式將被垂直整合取代；集中化將變成多樣化；框架合約（contrat-cadre）將被逐筆交易取代；及時化生產技術（just in time）的供貨物流必須能夠應付萬一（just in case）的特殊情況（詳見第三章）。

地緣政治回歸，新的治理形式於焉產生。對公司和政府而言，ＥＳＧ三個字在歷史上指的是環境保護（Environmental）、社會責任（Social）、公司治理（Governance），

2 美國政治學者小葛拉漢．艾利森（Graham Tillett Allison, Jr.）創造的術語，用來描述當新興強國崛起威脅到現有強國的國際霸主地位時，雙方越可能直接爆發戰爭衝突。

現在它們有了新的定義，分別為能源（Énergie）、安全（Sécurité）和戰爭（Guerre）[3]。

如今，能源成了環境轉型的「暴風眼」，而安全則被重新定義為控制，特別是在供給方面。戰爭使世界從充裕轉向匱乏，迫使公共機關和經濟決策者必須因應改變。

企業資產負債表政策的支柱正在瓦解：透過對投資過度和投資不足所做的必要詳細分析，推翻了「無廠」（fabless）的分工結構；長久以來講求的零庫存，必須改為控制戰略庫存；低利率的財務槓桿效應消失，有利於減少債務（詳見第四章）。

對企業而言，地緣政治的回歸及其結構性通膨的必然結果，使得成本法變得過時，不再適用。因此，必須由定價能力取而代之，這是戰時經濟中的唯一生存工具。

新的定價政策必須以安全溢價為基礎，而不再是以批量作價；政府的補貼將支配私人需求；競爭變成同業聯盟壟斷模式，也就是所謂的卡特爾（cartel）形式，過去的「以價值換取金錢」將變成「以金錢換取價值」；供應鏈必須成為真正的價值鏈。

資金流動的地緣政治重組，是戰時經濟時期地緣價值轉移的結果，「經濟金融化」就此告終。過去基於跨洲流動形成的全球過度負債，不再相容於新的地緣政治。金融穩定遭貨幣不穩定嚴重破壞。

面對世界走向戰時經濟的趨勢，中國從十年前開始就已持續進行準備；美國則很快就適應了這樣的轉變；而歐洲則是現在才開始覺醒。

以習近平為首的中國領導階層，以新馬克思列寧主義的包裝，恢復了國富民窮的古老社會盟約。為了追求政府設定的二〇四九年共同目標[4]，他們強迫人民為國家犧牲奉獻，以成為世界第一。

事實上，中國共產黨需要花費很大力氣，協調未來的數位發展與對社會的絕對控制。**中國將是前所未有的「極端帝國」**，由於許多製造業成為戰略性產業，因此中國在製造業的附加價值將獲得可觀的進展，但仍無法推倒美國的科技霸權。

美國文明從起源就與衝突概念緊密相連，他擁有的四大利基足以鞏固其全球霸主地位，使他在與中國的消耗戰中取得優勢：首先是能源，這要歸功於頁岩油革命[5]；接著

3 此三字為法文。泛歐交易所執行長布依納（Stephane Boujinah）則說明新定義為能源（Energy）、安全（Security）、地緣政治（Geopolitical）。
4 指在建國一百週年（二〇四九年）時，中國要全面成為社會主義現代化強國。
5 頁岩油是一種非常規石油，美國將水平鑽孔和水利壓裂等技術應用在頁岩油的鑽探上，一口氣從能源進口國轉型為能源出口國。

是國防，維護其技術優勢的資金來源，大部分仰賴出口武器給「盟友」；再來是軟體，預計在未來十年，美國即將重現一九八〇年代的生產力增長，遙遙領先其他國家；最後是農產品，主要得益於集約化生產方式。

而歐洲注定是這場深刻變革的最大輸家。雖然歐洲擁有無與倫比的文化多樣性，也是世界領先的思想泉源，卻無法善加利用以發揮經濟利益。

唯有將「最後懈怠的三十年」（Trente Dernières Glandeuses）[6]，這份主要為了熱衷參與投票的老年人而設計的社會契約，轉變為完全以年輕人為重點的社會契約，凝聚新的團結力，歐洲才能破繭而出。年輕人秉持著三個概念——幸福、數位連結，並在行動中追求意義，將努力重新塑造適合「後新冠疫情」世界的生活方式。

當時機來臨，他們將是唯一有能力整頓中、美兩國領導人製造出的「混亂星球」，並且成功重新恢復秩序。

6 譯按：指過去三十年，歐洲人缺乏積極作為，與輝煌三十年（Trente Glorieuse）——二戰結束後，法國一九四五年至一九七五年間——的奮鬥形成對比。

第一章

歡迎來到戰時經濟時代

歷史並不是單純以線性發展，某些年分在歷史上標示著關鍵時刻。

法蘭西學術院院士阿敏．馬盧夫（Amin Maalouf）總喜歡提起一九七九年卓越領導人才輩出，包括教宗若望保祿二世（Pope John Paul II）、伊朗最高領袖何梅尼（Ruhollah Khomeini）、英國首相柴契爾夫人（Margaret Thatcher）、美國總統雷根（Ronald Reagan），以及中國國家主席鄧小平，世界因此發生了巨大變化。

一九八九年，在短短幾個月內，天安門大屠殺和柏林圍牆倒塌兩大事件相繼發生。而二〇二二年，也被記入歷史關鍵時刻的行列，雖然在當時沒有人有充分意識到地球正在轉變。

兩起重大事件宣告自一九八九年開始的三十年週期已劃下句點。那是一個自由、邊界開放、國際貿易發展蓬勃、專制政權民主化、全球網路通訊自由、生產外包到地球另一端的週期，甚至還有得益於通貨緊縮和低利率的免費資金。

我們已逐漸習慣這些轉變，卻沒有意識到這段時間以來的福祉並非永恆不變，二〇二二年二月俄羅斯發動的俄烏戰爭和十月的中共二十大，正為過去三十年歲月敲響喪鐘。

壞消息總是傳得很慢，大部分西方國家，尤其是歐洲，似乎正努力把目光從重大事件上移開，於是第一件重大事件仍然被嚴重誤解，而第二件則持續受到漠視。

01 俄烏戰爭：被歐洲誤解的中美衝突

中國國家主席習近平與俄羅斯總統普丁（Vladimir Putin），在兩人任期期間已會晤超過四十次，平均每季一次。二〇二二年二月四日，就在北京冬季奧運之際，揭開了中俄兩國間「友誼無上限」的序幕。

事實上，這個現象本身就很耐人尋味，因為就定義上，建立友誼應該會有一些基礎條件。再者，考慮到中俄兩個經濟體的相對比重，這層關係似乎又更令人驚訝：俄羅斯的國民生產毛額僅為中國的十分之一。最後，有鑑於中俄兩國文化都是均勢理論的忠實信徒，這更令人難以想像雙方未來能夠維持長久的平衡關係。

英國首相張伯倫（Neville Chamberlain）在一九三〇年代末曾說過：「戰爭中沒有

贏家！」而俄烏戰爭終將說明這一點。蘇聯及俄羅斯歷史學家索忍尼辛（Soljenitsyne）也早已對謊言的危險性提出警告，他將再次證明自己是對的。

俄烏戰爭中所有輸家，都是因他們自身的謊言造成。

而普丁領導的俄羅斯將會是最大輸家，因其自身的四大欺騙行為造成失敗：一是其情報單位的欺騙，在二〇一四年克里米亞被占領之後，烏克蘭人民的反俄情緒突然轉變，情報單位卻加以掩飾；二是其軍隊的欺騙，刻意隱瞞了其裝備老舊和指揮無能的事實；三是對大眾的欺騙，人們將會發現俄羅斯只不過是中國的附庸；四是普丁的欺騙，他利用「去納粹化」的論點，事實上只是為了能夠長期掠奪烏克蘭的豐富資源。烏克蘭的自然資源總價值排名全球第四，境內多項礦產更是與未來環境轉型的超級週期密切相關。

理解這場衝突的唯一方法，是從中俄共同的宏願「去西方化」切入，也就是中俄都想扭轉自一九四五年以來，由西方國家主導世界的潮流。

儘管俄羅斯領導人稱這場衝突為文明戰爭，但若不使用外交手段加以制止，歐洲將被葉門化，以符合中美兩國的共同利益。

全球治理迎來南方時刻

只要是有關普丁的傳記，都不忘強調一九八九年柏林圍牆倒塌為他內心帶來的衝擊，尤其是當他乘坐前東德的國民車「衛星」（Trabant）汽車，從東德德勒斯登（Dresden）返回列寧格勒（今聖彼得堡）時忍受的屈辱。

自此，他決心洗刷蘇聯解體的恥辱，並盡可能擴大領域，重建統治範圍。

普丁認為，蘇聯衰敗的開端可追溯至一九七二年，美國總統尼克森（Richard Nixon）與毛澤東的歷史性會面，那次會面出自二十世紀最偉大外交家亨利・季辛吉（Henry Kissinger）的過人才智，也為中美建交奠定基礎。此後，中國從與蘇聯結盟，轉為與美國建立新關係。

普丁一直深信，全球的治理取決於俄羅斯、中國和美國三強之間聯盟的命運。毫無疑問，他牢牢謹記前德意志帝國首相俾斯麥（Otto von Bismarck）的訓誡：「三強鼎立時，你必須是兩個同盟者之一。」說明比起成為旁觀的第三方，兩國聯盟更有利。

俄羅斯與中國靠攏，只能從雙方共同願景來推測，即經由完成去民主化、去北約化和去美元化三個願望，使世界去西方化。

《經濟學人》週刊（*The Economist*）曾針對俄羅斯領導人腦海中的全球勢力變化，有過詳細描述。

當普丁被問及俄羅斯面臨的三個最大威脅時，隨著時間不同，他的回答順序也不同：從二〇〇〇年到二〇〇八年，首先是伊斯蘭國，接著中國，最後是北約；而二〇〇八年到二〇一四年間，首先是中國，接著北約，最後伊斯蘭國；自二〇一四年起，北約超前，其次伊斯蘭國，最後是中國。

・去民主化

對歐洲來說，「世界去民主化」是個令人震驚的概念。

畢竟，民主在整個東歐地區，應該已經被確立為缺點最少的政治形態，且擁有明顯的進步了。在中國，我們不是也看到了由於社群網路興起，輿論首次對政府造成壓力？在伊朗，我們不是也見證婦女為爭取自由而做出反抗嗎？甚至在中東，卡達或沙烏地阿拉伯等傳統獨裁政權，不是也開始啟動社會現代化計畫嗎？

然而，這種充滿希望的歐洲觀點，全球近六十億非西方人並不認同。

首先，美國和英國領導階層的道德崩壞是第一道衝擊。猶記二〇〇八年，紐約州州長艾略特·史匹哲（Eliot Spitzer）因嫖妓醜聞，不得不在四十八小時內辭職。而如今，川普的不道德行為每次被公開後，他的民調反而上升。

儘管已經證實在二〇二〇年被拜登擊敗後，川普煽動政變未遂，但現在卻有將近一半的美國選民表示準備再次投票給他[1]。他在競選活動籌集到的七千萬美元[2]資金，其中有五千萬美元被用來支付律師費。

「法治」一直是美國文明的支柱。「這是違法的！（This is against the law!）」這句話以前沒人可以反駁，象徵崇尚法治的精神，如今，在全世界大多數人的眼中，已毫無價值。而在大西洋的另一邊，英國前首相強生（Boris Johnson）褻瀆英國民主的派對門（Partygate）醜聞[3]，也揭露了英國領導階層說謊成性。

從社會學的層面來看，民主體制正在導致財富不平等，令人不禁憂心的想起一九三〇年代經濟衰退的情況。

英國記者大衛・古德哈特（David Goodhart）在其著作《通往某地之路》（暫譯，*The Road to Somewhere*）中分析，英國脫歐公投時，保守黨與工黨之間傳統的政治分歧已經消除，取而代之的是一種「某地」（Somewhere）與「任何地方」（Anywhere）之間的新分裂。

所謂的「任何地方」派，支持英國繼續留歐，因為他們是過去這三十年來的贏家。他們接受過現代科技教育，約占英國人口的二五％。對這群人而言，世界沒有國界的限制，各地都可為家。

二十一世紀倫敦的獨特地位，讓他們得以從中獲益。由於倫敦與紐約和北京的時差都約為六小時，可以上午和北京交易，下午和紐約交易，有效的扮演全球兩大決策中心

1 美國第六十屆總統選舉已於二〇二四年十一月五日舉行完畢，川普同時贏得選舉人票及民選得票，當選第四十七任美國總統。

2 約新臺幣二十二億四千九百八十萬元，全書美元兌新臺幣匯率，皆以臺灣銀行二〇二四年十一月公告均價三二・一四元為準。

3 指二〇二〇至二〇二一年新冠疫情大流行期間，英國政府與保守黨官員違反防疫規定，舉行派對和其他聚會所引起的政治醜聞。此後，當時的首相強森宣布辭職。

之間的中介角色。

相反的，所謂的「某地」派，占英國人口幾乎一半，他們是被全球化遺棄的人。低學歷限制了他們的生產力，只能無奈的看著自己原來從事的工作，被遷移到世界其他地方。礙於無法勝任現代科技的相關工作，所以也難以流動到他地謀生，注定只能待在原來的地方，也因此被歸類為「某地」派。

這種社會分裂導因於數位化的出現，以及教育預算接連遭到刪減，而且不只在英國，在多數民主國家都可以看到這種情況。

從這層意義來說，英國脫歐是一個警訊。在歐洲，儘管決策一般傾向於溫和的選項，但因為政府沒有提出任何可靠的解決方案，導致極端主義聲勢高漲，從義大利到瑞典都是如此。

在中國或俄羅斯看來，這種趨勢發展正好對其有利。莫斯科當局開始巧妙的利用社群網路影響民主選舉，企圖導向對自己有利的結果；從二〇二四年歐洲議會選舉，便能看出俄羅斯的干預力量不可低估。

• 去北約化

非西方世界對美國的敵意日益加深，全球的去北約化聲浪也隨之擴大。中國透過宣傳強調：每當美國介入某個地區，該地最終都會爆發戰爭。

根據布朗大學（Brown University）數據顯示，這二十多年以來，儘管美國花了近兩兆三千億美元，平均一天花費約三億美元，美國在伊拉克和阿富汗的干預行動仍徹底失敗。

美國從阿富汗撤軍，主要是因為準備不足，讓塔利班有機可趁。這項撤軍也使得亞洲國家，其中包括很大一部分的臺灣人民，深信像美國這樣一個重視戰略、經濟、政治利益，而非維護其民主原則、人權等價值的國家，完全不值得信任。

至於西方，這就要回頭說到法國總統馬克宏（Emmanuel Macron）。

早在二〇二一年，他接受《經濟學人》專訪時便表示，北約組織已瀕臨「腦死」狀態，北約的資金分配，事實上是由美國控制。而德國遲至烏克蘭遭到入侵後，才猛然發現將國防完全外包給山姆大叔，是錯誤的戰略，因為這種依賴性，正如天然氣依賴俄羅斯、製造業依賴中國一樣，對德國具有不利影響。

・去美元化

最後，尋求「去美元化」的步伐正在加速。其根源來自於中國方面，時間則要追溯到二〇〇八年美國次貸危機（Subprime mortgage crisis）。二〇〇七年夏天，美國房地產市場泡沫開始出現破裂，美國轉向請求中國援助其銀行資本重組，並支持美國國債。隔年年底美國房產崩盤，造成美元下跌，中國當局相信美國貨幣確實走到最後一局了，自一九六〇年代以來流傳的美國口號：「我們的貨幣，你們的麻煩。（Our currency, your problem.）[4]」也將終結。

於是，中國政府開始策劃逐步減持美債，從二〇一三年的峰值一兆三千億美元，減持至目前僅八千五百億美元。二〇〇九年初，中國人民銀行推出四兆人民幣[5]的財政刺激方案，從這場由美元引起的全球金融危機中拯救了世界，中國便不打算再次扮演消防隊救火。

此後，中國開始推動全球使用人民幣，計畫逐步成為美元的替代貨幣，且是作為交易貨幣，而非儲備貨幣。假如要成為世界儲備貨幣，就必須維持人民幣的可兌換性和中國的經常收支赤字，這樣才有足夠的人民幣供其他國家儲備。

然而，這樣的赤字不論是對中國，或是俄羅斯來說都無法想像，因為自一九九七年亞洲金融風暴以來，兩國已極力避免對其他國家的金融依賴。畢竟當時，西方在短短三個星期內，就從亞洲地區撤出所有流動資金，引發亞洲多國經濟崩盤。

因此，中國的目標是鞏固人民幣作為交易貨幣的地位。二〇一〇年，中國還沒有任何國際貿易以人民幣結算，如今近四分之一的交易以人民幣結算。

中國宣稱，目標是終止美國政府利用美元濫用治外法權。比如，法國巴黎銀行（BNP Paribas）就曾因為向伊朗的商業活動提供資金，遭到美國重罰八十億歐元[6]的天價罰款。

---

4 這句話出自尼克森時代財政部部長小約翰·康納利（John Bowden Connally, Jr），說明了美元作為全球主要儲備貨幣的霸權地位。而二〇〇八年次貸危機讓中國相信，美元將持續下跌，未來也難以維持其特殊地位。

5 約新臺幣十八兆四百八十億元，全書人民幣兌新臺幣匯率，皆以臺灣銀行二〇二四年十一月公告均價四·五一二元為準。

6 約新臺幣兩千七百七十四·四億元，全書歐元兌新臺幣匯率，皆以臺灣銀行二〇二四年十一月公告均價三四·六八元為準。

透過這些，我們必須理解金磚五國（BRICS）[7]為何要開放諸如沙烏地阿拉伯、伊朗和阿拉伯聯合大公國等國加入。中國的最終目的，是創造一種與原物料（如石油或金屬）掛鉤的替代貨幣，它可以提供更穩定的抵押品形式，這種替代貨幣在金融劇烈動盪時期始終受到投資者青睞。

俄烏戰爭爆發後，西方主要國家凍結了俄羅斯央行超過三千億美元的外匯儲備，更促使世界其他非西方國家央行堅信，全球去美元化刻不容緩。

透過去民主化、去北約化、去美元化三項提議，中俄兩國利益的共通點清楚顯現，他們努力使非西方世界中各個性質迥異的成員以他們為中心結成聯盟，這些成員被稱作「全球南方」。

他們唯一的共通點，就是終止世界上一〇%人口的多重投票權。那些人聲稱為了地球上所有議題進行投票，事實上他們行使的多重投票權，犧牲了其他九〇%的人口。

印度外交部長也一針見血的指出：「歐洲必須停止『歐洲問題，就是世界上其他地區的問題；世界上其他地區的問題，都不是歐洲問題』的觀念。」

這是一場文明衝突

謝爾蓋・卡拉加諾夫（Sergey Karaganov）是俄羅斯智庫「外交與國防政策委員會」榮譽主席和共同創始人。二〇二二年夏天，他在法國季刊《國際政治》（*Politique internationale*）的精采訪問中，將烏克蘭衝突置於莫斯科所認為的歷史背景中說明，以幫助讀者們理解：

「俄羅斯成為歐洲國家的時間相當短，確切來說，是從彼得大帝開始迄今。她成為歐洲世界的一部分，才不過三個世紀。

「在此之前，俄羅斯屬於拜占庭世界，拜占庭世界與拉丁歐洲時有衝突。一二〇四

7 成員國為巴西（Brazil）、俄羅斯（Russia）、印度（India）、中國（China）及南非（South Africa），並以成員國英文國名的首字母取名，音同英文的磚塊（brick），故稱為金磚五國。

年，十字軍對君士坦丁堡的可怕洗劫加速了東羅馬帝國衰敗，兩個半世紀後整個帝國終至覆滅。俄羅斯視自己為東羅馬帝國的繼承者，矢志忠於基督教，也忠於她與歐洲共享的基督教根源，而歐洲似乎正在放棄這個根源。

> 「今日，我們俄羅斯人認為自己是舊歐洲價值觀的守護者，西方已決定將俄羅斯逼入絕境，其產生的作用是將俄羅斯推向中國的懷抱。」

照這樣看來，俄羅斯與歐洲之間的對抗，並不像西方媒體普遍報導的那樣，是從一九八九年才開始。

美國導演奧利弗·史東（Oliver Stone）執導的電視紀錄片《普丁專訪》（*The Putin Interviews*）中，普丁強調俄羅斯作為基督教價值最後捍衛者的願景。

普丁指出俄、法兩國都有比例較高的穆斯林少數族群，並嚴厲批評法國的移民政策。在俄羅斯，普丁每年會進行一次傳喚，而每一位居住在俄羅斯的穆斯林都會被問到這個問題：「你是俄羅斯人，還是穆斯林？」而回答會決定他的居留期限能否延長。

在該紀錄片中，普丁還提到，他認為前蘇聯總統戈巴契夫（Mikhail Gorbachev）犯下了嚴重的歷史錯誤。一九八九年，戈巴契夫認為沒有必要以書面約定，要求西歐和美國不得將北約擴大，延伸超過德國東部以外的地區。而從那時起，該地區就任由美國挑撥離間，直到有一天延燒到烏克蘭。

法國大使顧山（Maurice Gourdault-Montagne）在其回憶錄《別人想的和我們不一樣》（*Les autres ne pensent pas comme nous*）中述及，前法國總統席哈克（Jacques Chirac）在二〇〇〇年代就已經預想烏克蘭問題潛藏的爆炸性。

顧山受命前往華盛頓請求使烏克蘭中立成為緩衝區，據悉，當時的美國國務卿萊斯（Condoleezza Rice）嚴厲的回答：「在我有生之年絕不可能！」

俄羅斯、烏克蘭、德國和法國參與的諾曼第模式（Normandy Format）會談[8]，是否因美國的暗中干預導致這次的失敗，這個問題我們暫且留給歷史來判斷。從分析中唯一可以確定的是，除非奇蹟出現，否則俄烏戰爭勢必持續下去。

事情的發展與西方的演示文稿完全不同，在衝突爆發了近兩年後，西方仍抱持一貫

8 諾曼第模式會談（也被稱為諾曼第聯絡小組）是在法國諾曼第地區進行的非正式會談，目標努力解決二〇一四年起的頓巴斯戰爭問題。

的傲慢，宣稱莫斯科即將投降。其中原因包括美國軍事技術優勢、二〇二三年春季反攻、俄羅斯傭兵組織瓦格納集團（Wagner Group）首腦普里格津（Yevgeny Prigozhin）引起叛亂……但是迄今為止，所有「後普丁」時代的宣告仍然是一紙空文。

如果沒有軍事專業判斷力，那麼就用常識來判斷局勢。

我們可以看到交戰雙方的支持陣營，不論是美國對烏克蘭的直接支持，或是中國對俄羅斯的間接支持，都僅限於提供防禦性武器，因為中美在延長戰爭中找到了共同利益，而且他們將是這場戰爭的最大受益者。

歐洲的葉門化

當兩個強權發生衝突時，首先會各自選在第三地試圖挑釁對方，例如，葉門就成了伊朗和沙烏地阿拉伯衝突的主要戰場，歷經慘痛代價。現在因為俄羅斯與烏克蘭的衝突，輪到歐洲被葉門化，正式進入第二次冷戰。

如我們所知，現實往往不會如預期般發展。二〇二二年一月，由於油價突然大漲，通貨膨脹更加嚴重，引發哈薩克民眾嚴重抗議。結果，普丁立刻進行干預，在短短幾天內就平息動亂。

他強行介入、安插新的政治領導階層，改由哈薩克總統托卡耶夫（Kassym-Jomart Tokaïev）取代原先屹立政壇三十年、地位不可撼動的納扎爾巴耶夫（Nursultan Nazarbayev），出任國家安全委員會主席。

俄羅斯情報單位聲稱，普丁在烏克蘭人民的受歡迎程度上升，再加上繞過烏克蘭將俄羅斯天然氣輸送到德國的「北溪二號」（Nord Stream 2）天然氣管線即將啟用，普丁對此番成就大為振奮，並向其「友誼無限」的新朋友習近平提出一項非常短期的干預計畫。於是，中國駐基輔大使館發給六千名僑民每人一面旗幟，讓他們懸掛在烏克蘭首都的街道上展示，表達支持「解放」行動。

這也解釋了中國為何在二月中旬與印度結盟，並買下加拿大鉀肥生產商莫賽克（Mosaic）二〇二二年全部產量。由於俄羅斯和白俄羅斯的鉀肥產量領先加拿大，占全球產量近三分之一，鉀肥無疑是受俄烏衝突影響最直接的農業肥料。

中美的盤算與歐洲的遲鈍

俄軍在烏克蘭的戰情陷入膠著之後，中國按《孫子兵法》化威脅為機會。

中國支持俄羅斯的風險，是會被指控背叛《聯合國憲章》（*Charter of the United Nations*）所承認的邊界不可分割性，以及被視為認同頓巴斯（Donbas）人民要求從烏克蘭獨立的權利，而這正是臺灣政府對自身情況所主張的權利。

於是中國趁此機會，將自己打造成唯一可以取代歐洲的俄羅斯貿易夥伴。

中國商議以低價取得俄羅斯的天然氣，並以不可兌換的人民幣支付，迫使莫斯科接受一種特別不利的以物易物交易。甚至，從中國出口到俄羅斯的晶片，在俄烏戰爭爆發前，不良率只有二%，如今幾乎高達四〇%。

面對這樣的價值掠奪，俄羅斯數位發展暨通訊媒體部部長僅在二〇二三年謹慎的暗示，使大家注意對中國技術依賴的潛在危險。

在象徵意義上，中國傾向把這場衝突置於長期的歷史脈絡中。一九五〇年在朝鮮半島，是俄羅斯把中國當成炮灰，送到前線對抗美軍；二〇二二年，輪到中國利用俄羅斯，對抗五角大樓。歷史的巨輪已經開始轉動！然而，博大精深的《孫子兵法》不是只有中國能用，美國也努力利用局勢、為己謀利。

首先，美國透過銷售液化天然氣，將價值從歐洲轉移到自身，並將其最大化。二〇二二年液化天然氣的價格漲至往年的十倍，正如在業界十分活躍的道達爾能源集團（TotalEnergies）董事長潘彥磊（Patrick Pouyanné）在法國國民議會中指出，歐洲擺脫了俄羅斯天然氣，轉而依賴美國天然氣。

再者，美國也加速了軍火銷售。就在俄羅斯入侵烏克蘭後的一星期，德國總理蕭茲（Olaf Scholz）宣布為軍隊整備提供一千億歐元的巨額資金，而美國成了主要受益者。

最後，美國利用從歐洲轉移的財富來資助國內減稅計畫——《降低通貨膨脹法案》（*Inflation Reduction Act*，簡稱ＩＲＡ），估計成本將高達一兆美元。美國這項減稅計畫將大幅加速歐洲的去工業化，促使企業遷往大西洋彼岸，尤其是嚴重受到能源通膨影響的德國跨國企業。

更微妙的是，透過對烏克蘭的支援計畫，美國無疑準備盡最大可能利用局勢。美國援助資金目前累計近七百億美元，並以貸款形式提供給烏克蘭，而且全球都能明顯感覺到，這位債務人似乎無法確保還款。但是，烏克蘭擁有世界第四大礦產儲藏量，尤其包括多項對環境轉型極為重要的礦產，因此未來債權人有可能「商請」以採礦權抵銷債務；而歐洲卻得為烏克蘭重建買單。

根據世界銀行（World Bank）估計，重建費用將落在大約五千億美元至六千億美元之間。烏克蘭社會貪腐猖獗，甚至可能涉及美國前總統的兒子，人均GDP從一九九〇年的一千美元，目前僅增至四千美元；反觀鄰國波蘭，在同一時期從一千美元躍升至一萬六千美元。

面對中美聯手，俄羅斯未來將對歐洲進行長期掠奪，卻少有政治聲音認為適合公開譴責。對中國而言，俄羅斯的天然氣被賤價銷售；對美國而言，能源、國防和去工業化相關收入大增。

兼備商業律師的靈活頭腦，與地緣政治經驗的法國前總統薩科吉（Nicolas Sarkozy），在二〇二三年夏天接受《費加洛雜誌》（*Le Figaro Magazine*）訪問時，呼籲與普丁談判的必要性，他強調無論這項交涉有多不受人民歡迎，都必須讓步、妥協，以解決問題。

其實薩科吉可以拿出過去的例子說明，例如，德國前總理艾德諾（Konrad Adenauer）在一九四九年開創的先例。

季辛吉在其著作《論領導力》（*Leadership*）中，將這位德國總理列為對二十世紀影響最大的六位政治領袖之一，與法蘭西第五共和國首任總統戴高樂將軍（Général de Gaulle）、美國前總統尼克森、新加坡首任總理李光耀、埃及前總統沙達特（Anwar Sadat）和英國前首相柴契爾夫人並列。

一九四九年，艾德諾面臨德國的生存問題時，蘇聯向他提議德國統一，但必須是中立的統一，將德國變為四強共同管理的緩衝區。

他反對這項建議，因為他對蘇聯沒有信心，且蘇聯並未遵守過去的承諾。於是艾德諾採取了一個極度不受人民支持的做法：他同意將德國分割，把一部分的國土讓予蘇聯治理。

在他看來，這只是暫時性的分割，法律上不承認這個邊界，他也堅信時間會解決一切。經過四十年的耐心等待，今天德國人民有幸受益於他的卓越遠見，重新再造前總理勃蘭特（Willy Brandt）在一九九〇年所說的歷史名言：「現在我們必須一起成長，未來才能一起生活。」

然而，這並不一定代表「勇氣」在歐洲已經消失無蹤了。它只是從政治領袖轉移到人民身上；至少是德國人民，尤其是柏林人。

正如法國前總理曼紐爾．瓦爾斯（Manuel Valls）在其著作《勇氣指引他們的腳步》（暫譯，*Le courage guidait leurs pas*）前言中所示：「個人的勇氣是一種非常神祕的美德……在我看來，集體的勇氣又更加神祕。這種脆弱且轉瞬即逝的火花，觸動一些人，有時傳播至整個民族。」而烏克蘭衝突爆發時，柏林人做了最好的詮釋。

在俄羅斯入侵烏克蘭的第一個星期，法國財經部長勒梅爾（Bruno Le Maire）努力設法延緩戰事，針對俄羅斯的金融機構，他明確指出：「ＳＷＩＦＴ（全球銀行金融電信協會），它就是金融核武。」表示支持將俄國排除。

於是，五十萬柏林人在星期日從勝利紀念柱（Siegessäule）遊行到布蘭登堡門（Brandenburger Tor），迫使總理蕭茲做出決定：切斷俄羅斯金融體系與ＳＷＩＦＴ支付系統的連結。

在香港，從來沒有人在談話中提及俄烏戰爭。這似乎也顯示出，這是真正的中美衝突。誠如法國犯罪學家艾倫．鮑爾（Alain Bauer）提出的警告：「在戰爭中，時間是站在群眾這一邊，而不是技術。」因此，香港人預期俄烏戰爭將持續下去，且會對俄羅斯有利，而不是擁有技術優勢的烏克蘭。

摩根士丹利投資銀行（Morgan Stanley）前亞洲區主席史蒂芬．羅奇（Stephen S. Roach），在其著作《意外的衝突》（*Accidental Conflict*）中，對中美衝突提出相同的警語：「雙方陣營都準備戰鬥，因為他們也都相信自己能一舉拿下對方。美國認為，習近平的新馬克思列寧主義將導致中國經濟衰退，且中國的人口結構和房地產泡沫將削減未來發展；中國則堅信，美元霸權地位終將因美國債務狂飆而崩解。民主的衰退將轉為內戰，非西方國家的反美情緒將反對美國仍然強大的軍事霸權。」

兩位主角都對其競爭對手發展出一套史蒂芬．羅奇所謂的「不實敘事」，用來掩飾自己的缺點。

中國把自身經濟成長放緩，歸咎於美國限制高科技進入中國，但其實是中國本身的政策導致生產力下降；美國把自身工業衰退歸咎於中國傾銷，而事實上，問題出在華盛頓當局的政治選擇，美國在二〇〇一年中國加入WTO後，便優先考慮自由貿易和全球供應鏈的擴張，而不是保護本地製造業，使製造業從過去的每年成長四%開始停滯直到現在。

總之，歐洲似乎已經默默接受延長這段持續四十年的分割。從一九八〇年至今，美國GDP占全球比重一直穩定維持在二六%左右；中國則從二・五%增至一八%，而這顯然是以歐洲和日本為代價，因為歐洲從二九%降至一八%，日本則從一〇%降至四%。

在香港，投資人難以理解歐洲人怎麼能容忍這樣嚴重的下滑，而沒有明顯表現出太大的反抗。這些景象，都與西方媒體不斷傳達的俄羅斯崩潰迫在眉睫大相逕庭。

香港人到底是對還是錯呢？如果他們弄錯了，至少有個藉口可以說因為他們的心思都放在自身最關注的主題：中共二十大的結果，也就是二〇二二年歷史斷絕的第二個觸發因素。

02 中共二十大：新馬克思列寧主義

二〇二二年十月，習近平第三次當選中共中央總書記，打破了鄧小平所提出的「國家主席連任不得超過兩屆」的限制。

西方專家早已預料到這結果，甚至前國家主席胡錦濤在會議中被勸請離場。這令人聯想起北韓政治場景，似乎也沒有引起太大震撼。然而同一時間，本來已處於歷史低點的香港股市在一週內繼續下跌了二〇%。

當時政府當局稱其只是短期反應，但一年後恆生指數（HSI）[9]跌勢依然未止，

9 用以反映香港股市行情的重要指標。

當地投資者反而將此視為一種斷裂性變化，斷絕了與過去的連結。香港人已察覺到這是一個重大轉捩點，而西方人是否刻意忽視並拒絕考慮這點？

掌握「全權」的悖論：弱小國家

受人民託付全部權力的領導人，在掌權的第二個十年通常結局不佳。有關這點，在普法戰爭中慘敗並被俘的拿破崙三世（Napoleon III）足以證明，普丁即使拒絕接受也是徒然。

對仍然記得毛澤東所帶來弊端的中國菁英來說，怎麼能夠放棄鄧小平時代以來領導階層的巧妙制衡機制，而讓習近平一人獨攬大權呢？

縱觀歷史，只有弱小國家才會將國家命運完全交由單一領導人決定。這也難怪「神聖的」習近平會出現在中國需要徹底改變發展模式的時刻。

過去四十年來，中國的經濟成長令世人矚目，造就其在極短時間內讓大部分人口脫離貧困，達到人均GDP一萬美元的門檻。

按照總體經濟學家的看法，這個門檻會觸發「中等收入陷阱[10]（middle income trap）」，而要克服這個陷阱，就必須將經濟主力從製造業，轉向高附加價值的服務業。

一向好於建立自己特定模式的中國，在新冠疫情嚴重衝擊經濟時，發現自己正面臨上述這個關鍵階段。

為了因應疫情，突然間每項實體服務都必須搭配數位化，於是一些新型產業順勢興起，並呈指數型成長。比如，螞蟻金融服務、滴滴出行、美團、平安健康醫療科技和有道等創新業者，徹底改變了金融、醫療、交通和教育等服務。

這些公司的成本結構只有西方同業的十分之一，雖然最初產生嚴重的會計損失，不過，金融分析師預測前景看好且獲利將大幅成長，甚至可能衝擊美國科技四大巨頭GAFA[11]的全球霸主地位。

唯一棘手的是，這些新興業者也威脅到了中國共產黨對社會的控制。中國共產黨甚

10 指一個國家因某些優勢達到一定收入水準，但停留在該經濟水準的情況。

11 指谷歌（Google）、亞馬遜（Amazon）、臉書（Facebook）及蘋果（Apple）。

至在義大利政治作家朱里亞諾・達・恩波利（Giuliano da Empoli）發表《克里姆林宮的魔術師》（暫譯，*Le Mage du Kremlin*）一書之前，就已經實行了該書提出的其中一項原則，也就是社會控制。

不同於美國金權政治是以金錢控制政治，在中國和俄羅斯，政治必須控制金錢。加密貨幣交易平臺FTX突然宣告破產，揭露創辦人山姆・班克曼－佛瑞德（Sam Bankman-Fried）的詐欺罪行。他還曾經是民主黨的重要捐獻者之一，捐贈金額高達四千萬美元，不過，他捐贈給共和黨的金額很可能更高，但共和黨從未公布過。

這位慷慨的美國人顯然自幼受到母親「良好」的教養，其母是史丹佛大學（Stanford University）法學教授，還以研究「個人責任的哲學」而聞名。

中國有句諺語：「民主像魚，從頭腐爛。」值得美國借鑑。

在中國，第一個轉變的信號出現在二〇二一年夏天。當時，習近平對私人線上數位教育實施週末禁令，這些線上教學機構已經輔導了超過一億名兒童學習中文、英文和數學。然而，中國僅以每名學生每年一千美元的成本加強設備，就冀求在國家教育培訓方面匹敵美國。由於擔心國家的政治控制受影響，習近平寧可延續古老的科舉制度，只讓負責領導九五%人口的五%菁英人口享有接受教育的特權。

與此同時，中國正面臨房地產危機，引發近十年來債務激增，迫使菁英階層更容易傾向加強監管，勝過追求經濟發展。在感受到不穩定的威脅下，建立起新馬克思列寧主義的新秩序，這種秩序徹底改變了中國從二〇〇一年加入WTO後，蓬勃發展的「民間參與公共建設」的公私合作關係。

很快的，有關「列寧主義」的一面就顯現出來了。自習近平上任以來，以三年一次的規律節奏持續進行清洗整肅：

二〇一三年，反貪腐運動解散了某些已經形同一國之邦的大型部門，如電信、交通和能源部；二〇一五年，中國下重手全面整治可疑的金融中介機構，股市從超級牛市暴跌成股災；二〇一八年，民營企業被迫向「國家冠軍」企業「華為」看齊，所有的實務操作必須與解放軍密切聯繫；二〇二一年，輪到服務終端消費者的網際網路領域，即B2C行業的整肅。

但從二十大以後，節奏改變了。例如，新任總理李強，其忠誠勝過能力；多位新任部長，如負責外交或軍隊的部長，如今就像玩大風吹似的，幾乎每季都會換人做。

卡特（Jimmy Carter）執政時期的美國國家安全顧問布里辛斯基（Zbigniew Brzeziński）就曾指出：「極權主義的兩個決定性維度，是恐怖加上意識形態。」

而在「馬克思主義」方面，中國則在私人資本與國家資本之間劃出新界線。過去，資本主要被分為中資和外資。而現在，政府開始對私人資本釋出訊息，指出它們仍然受到歡迎，但今後必須接受監管，即使它們屬於中資亦是如此。

政府的監督可採取多種形式：包括訂立規範、標準、徵稅、分銷網路、廣告審查、本土管理團隊中國化，或是像在阿里巴巴、騰訊、快手或嗶哩嗶哩等主要媒體集團，政府會以黃金股（golden share）[12]方式入股。

這麼做是為了限制公司財務績效，回到簡單的平衡。透過增加額外的當地成本，以避免過度盈利或虧損；或是讓利潤必須有系統的再投資於中國，保證資金在國內流動。

二〇二四年一月，中國美國商會（AmCham China）指出，其近半數會員承認二〇二三年已不再獲利。從同年的全國整體投資水平就可以評估出這個結果。

中國官方宣稱增長五%，掩蓋了公共資本增加一〇%和私人資本僅保持穩定之間的差距，顯示出中國經濟的邊際成長現在完全屬於國家性質。

戰時經濟新模式

新冠疫情導致世界轉向戰時經濟，這並不奇怪。疫情，為全球拉起了警報。

在二〇二〇年至二〇二二年這段時間，中國見識到了命運轉動的速度有多快。在疫情期間，每個國家的命運端看對T3的掌握程度，即「測試、治療、追蹤」（Test, Treat, Track）。

二〇二〇年，中國利用人口監測系統，成功做到測試和追蹤，而歐洲和美國則顯露出無力遏制病毒。但到了二〇二一年情況反轉，西方有幸藉助於「信使核糖核酸（mRNA）」[13]，透過治療走出危機，北京則繼續堅持「清零」[14]政策卻不見成效。

---

12 一種股份制度。在部分情況下擁有比其他股份更重要的投票權，大都由政府持有。

13 因研究上的突破性發展，得以開發新冠 mRNA 疫苗。原理為運用 mRNA 使人體細胞產生特定蛋白質，作為抗原，用以引發人體對於 COVID-19 的免疫反應。

14 旨在徹底消除病毒傳播，將確診者人數維持在零人的嚴格控管政策。主要措施有強制隔離與封城，這種極端做法對經濟及民生皆會造成極大影響。

中國政府寧願放棄成長，也不願接受西方科技，這個選擇表現出第一個明確跡象，即中國已經選定今後要走向戰時經濟。

這種戰時經濟源自一種「系統性競爭」的浮現。二〇〇一年，美國過於自信，認為中國會逐漸採納西方資本主義，但習近平在第三任期時，反而推動了新馬克思列寧主義制度，直接對抗歐美的原則方針。世界的遊戲規則正在大幅改寫。

在和平時期，經濟的關鍵指標是國民生產毛額的成長，即一個國家在國內外生產的財富，政府會努力以最平衡的方式分配這些財富；在戰爭時期，則以相對依賴的程度為優先考量：該國對其他國家的依賴程度？其他國家對該國的依賴程度又如何？就總體經濟來說，這反映在淨出口和經常收支的變化上。

北京選擇限制進口，以製造業所需的原料或中間產品為主，集中於出口導向的生產，國內消費因此受限。這與政府的宣傳背道而馳，因為政府承諾將透過刺激國內消費，以擺脫對出口與投資的高度依賴，均衡國內外市場，實現「再平衡」。但這所謂的再平衡，在二〇一〇年代的十年內一直沒有發生，中國民眾的消費在國內生產毛額（GDP）的占比均未超過四〇％，而西方國家則達七〇％。

此外，北京祭出包括補貼貸款等各種形式的優惠政策，盡全力提高出口，尤其是在《中國製造二〇二五》[15]中被認定的戰略性產業。這主要是想鞏固中國的全球價值鏈中心地位，據估計，目前全球有三分之一的價值鏈會經過中國的中間製造組裝階段。

事實上，西方國家一直誤解了習近平向人民承諾的「共同繁榮」。在民主國家，人民要求的共同繁榮是個人繁榮的總和，但北京政府並非如此定義。中國所謂的共同繁榮是指一種共同建設，以潛在犧牲為代價而創造的「共同利益」，從中受益的將是國家整體。

共同繁榮的概念啟發自二十世紀下半葉的德國和韓國，當時這些出口經濟強國的崛起和全球領導企業能夠成功建立，都是仰賴大部分勞動人口的低廉工資。中國政府的目標是在二〇三五年前建立「現代社會」，往後再轉變為「繁榮社會」，最後在二〇四九年，即中國共產黨執政一百週年時，將要登上世界最高舞臺。

15 中國政府於二〇一五年提出的國家發展計畫，目標在二〇二五年以前，要在全球製造業中占據領先地位。計畫的十大重點發展領域有航空航太、半導體和可再生能源等，詳見第三章。

轉型到戰時經濟，生產製造成為優先考量，尤其是工業生產。這說明了中美之間的經濟戰從貿易戰迅速轉向科技戰的原因。

因此，對亞洲人來說，二〇二〇年最具歷史意義的事件，不是影響整個地球的新冠肺炎，而是臺灣在技術上領先美國：次年夏季，美國英特爾（Intel Corporation）承認無法大規模生產七奈米晶片，將委託臺灣的台積電製造。台積電市值隨即攀升至四千五百億美元，而英特爾市值則下跌至兩千億美元。

在技術方面，中國以三大支柱為基礎，完全不同於美國傳統上遵循的模式：首先，從上而下集中領導的產業政策，制定國家層級的主要優先發展產業；再者，實施有利於國家冠軍企業的措施，這些企業未來都要成為中國硬實力的班底；最後，實現「自給自足」的目標，避免受到外國任何影響，特別是根據新的國家數據安全法，禁止任何「敏感」資料出境，但沒有明確定義何謂「敏感」。

這項新法規可能很快就會變得荒謬無理。例如，國際物流公司因此無法確認其船隻在中國水域的位置。

這個模式令人想到柏林圍牆倒塌前的東德。儘管看起來是取得鐵幕另一端科技珍寶的好機會，東德國有資產託管局（Treuhandanstalt）[16]在一九九〇年代初期的私有化計畫，很快就被證明是場災難。

二〇一五年，中國的清華紫光集團有望成為半導體的未來世界領導者，但幾年後卻背負三百一十億美元的龐大債務。

如今，即便是該領域的「國家冠軍」中芯國際，其投資額也只有競爭對手，也就是公認世界領導企業——台積電的五分之一。中芯國際與其同業長江存儲一樣，必須定期進行資本重整，以填補巨額營運虧損。

反之，美國的科技霸權建立在民營企業對工業的大膽投資、政府補助跨國企業的擴展，以及全世界最優秀的人才上。美國《財星》雜誌（*Fortune*）列為五百強的企業中，近四五％是由移民創立的，由此可知，民族大熔爐正是美國成功的源泉之一。

北京的政治選擇導致其他東方國家與之脫鉤，並迫使西方選擇去風險化。中國歐盟商會（European Union Chamber of Commerce in China）深具魅力的前主席伍德克（Jörg

16 東德在兩德統一前建立的機構，旨在將人民企業（Volkseigene Betriebe）重新私有化。人民企業是東德企業的主要形式，一九四五年至一九六〇年代初，東德的私有企業被大規模國有化，轉為人民企業。

Wuttke），對在華歐洲企業的命運做出了精闢分析。

他認為，西方企業根據所屬產業不同，將在中國受到不同等級的對待。首先，「商務艙」等級保留給那些可以為中國帶來境內尚未成功發展，但企圖掌握的專業技術產業，因為這是中國「想做的」。

再來，「經濟艙」等級分配給那些必須面對中國本土競爭的產業，這是中國「即將要做的」；最後，「貨艙」等級用在那些從事北京當局認為對未來具有戰略意義的產業，中國最終必須在這個領域達到主導全球的地位，這是中國「未來要做的」。

因此，二〇二二年十月召開的中共二十大象徵與過去斷絕，這層意義遠遠超過習近平全面掌權這一點。它很可能會帶領我們走向從未踏過的道路。

雖然過去我們曾經目睹古巴、辛巴威和北韓的馬克思列寧主義，但這一次，全球二〇%的國民生產毛額將遭受損害，其破壞力不只影響在華企業，更涉及全球範圍。

策略專家指出，當有一位握有至少一〇%市場的玩家決定改變遊戲規則時，市場就會被顛覆。不論是與中國做生意，或是在中國做生意，都將與以往不同。

生產 iPhone 的臺灣鴻海集團傳奇老闆郭台銘，是第一個明白這點的人。

儘管從二〇一五年到二〇一七年，他已經在中國投資了七十五億美元，二〇一七年川普上任後引發中美關係緊張，他立刻分析並決定自二〇一八年起只做維修業務，每年僅投入一億美元。

總之，中國新列寧馬克思主義體制的出現，加上俄烏戰爭轉變為現實中的中美對抗，導致從一九八九年展開的週期將在二〇二三年結束。

一九九一年時，沒有人能準確預測柏林圍牆倒塌和天安門事件，會帶來如此驚人的三十年經濟成長期。同樣的，在短短兩年後[17]的今天，聲稱知曉這重大歷史事件的後果似乎言之過早。

在新加坡專家馬凱碩（Kishore Mahbubani）等發言深具影響力的人物助長下，亞洲正普遍流傳「西方無法避免衰落」的言論。可能我們更應該相信一件事，那就是現在開啟的新紀元，絕非一條直線，總會為我們帶來意外的驚喜。

17 本書原著於二〇二四年五月在法國出版。

第二章

典範轉移：懂生產的企業掌握財富

「昨天很美好，明天會更好！」這是法國《快報》（*L'Express*）為了慶祝創刊七十週年，所提出的一個充滿希望的口號。

它自然是對的，表達了對人類的信心。不過，要做到這一點，必須充分理解當前形勢，即使得以扮演「魔鬼代言人」[1]為代價。為了讓明天變得更好，首先讓我們以面對現實的精神，接受今日我們必須克服的挑戰。

第一步，是認清四個同時並存的危機。其次，我們不能期待只透過一場簡單的大風吹遊戲，新勢力就搶占了舊勢力的位子。對於這個建立在戰時經濟之下，打破傳統、創新變革的新系統，我們必須考慮全球秩序的深刻轉變。

最後，如此結構性的改變是否會在瞬間發生，並產出一個穩定的環境，這點值得高度懷疑。我們將必須接受一段過渡階段，其最大特徵就是一個以純粹交易關係為基礎的「混亂星球」。

01 四重危機併發

常聽到政客們說，從出生開始，我們就一直生活在「永久危機（permacrisis）」當中。他們發明這個概念，目的在於提高自己的身分，好讓我們欽佩他們在過去三十年所完成的艱鉅任務。

不過的確，從二〇〇一年九月十一日恐怖襲擊事件到二〇一二年歐元危機，期間還發生了二〇〇八年的次貸危機和二〇一一年的阿拉伯之春，這段時期並非一路直線進行，且沒有任何失控下滑。根據相關理論，在四十五年到六十年為一循環的康德拉季夫

1 指提出與主流思想、政治正確觀點相左意見的人。

週期中，會經歷一連串以數年為一循環的朱格拉週期[2]。

然而見樹不見林，過去三十年見證了世界命運前所未有的改善。一九八九年由七億西方人專享的小型特權俱樂部，如今已擴展成超過七十億的經濟主體遍布於全球。

一九九〇年代初期，當我在倫敦第一次求職時，其他應徵者只有美國人或歐洲人；而今天在香港，一則徵才廣告可以收到來自中國、印度、肯亞、巴西和羅馬尼亞等各國的精采履歷。

國民生產毛額無法顯現出全球在這三十年間，在各方面實際上成長了十倍。這樣的成績可謂史無前例，促成原因是許多地區向世界其他地區開放，同時網際網路的科技革命打破了溝通的藩籬。這段期間由於進步快速，連帶產生許多嚴重的不平衡，造成這段發展過程「無法永續」的特性。

過去四十年來構成的成長不穩定性，反映在剛才提到的四大危機，即能源危機、民主與社會危機、債務危機，以及環境危機。

能源危機：回歸一九七〇年代

七千五百億歐元至八千億歐元。這是二〇二二年歐洲政府為了保護人民的購買力，避免發生類似法國「黃背心」抗議運動[3]，不得不實施能源安全計畫的預估成本。這項成本數字驚人，約占國民生產毛額的三％，其規模幾乎相當於一九七三年的石油危機，當時油價突然飆漲。

這場局勢的突然轉變猶如一種破壞性的斷口，迫使我們的父母輩徹底改變生活方式，失業與結構性通膨接踵而至，「輝煌三十年」就此結束。

今天，這筆令人咋舌的額外成本，是歐洲公共機關在能源政策方面完全無能的結果，因為他們只重視所謂的生態，而無視嚴酷的技術現實。

2 朱拉格週期（Juglar cycle）理論是資本主義經濟中，一種為期約七年到十一年的週期性波動。

3 二〇一八年開始的抗議運動，起因是法國油價飆升與政府提高燃油稅的計畫，後來訴求迅速擴大到提升人民購買力與要求總統馬克宏下臺等，是法國自一九六八年以來最大規模的社會動盪。

能源計畫需要至少十五年才能完成，必須針對長期發展審慎評估。狀況最慘的無疑是德國，因為他們不僅廢除核能，還完全依賴俄羅斯的天然氣。不過，法國也沒什麼好取笑別人的。

二〇〇七年，法國總統薩科吉將能源管理納入環境部，等同於對能源政策判了死刑，而繼任的歐蘭德（François Hollande）更是變本加厲，他下令關閉費瑟奈姆（Fessenheim）核電廠。據當時的總理瓦爾斯（Manuel Valls）在國民議會調查委員會作證時表示，這項決定「並沒有對經濟影響方面做過任何研究」。

至今歐洲仍堅持鴕鳥政策，正如國際能源總署（International Energy Agency）的一貫作風。該機構的「專家們」年復一年預測石油峰值（Peak oil）[4]即將到來，然而石油消費量卻不斷上升，並未出現專家預測的下降。主要是因為石化業的需求，而國際能源總署卻刻意低估該產業的成長。

儘管二〇二四年全球石油消費量預估每日增加兩百萬桶，且持續增加的時間應該會超過預期，但國際能源總署仍預測石油消費量即將達到高峰，並轉而減少。

這種「一廂情願的想法」持續為主要化石燃料生產國帶來莫大的歡欣，包括中東各國，以及自二〇一〇年代以來因頁岩油革命而成為產業領導者的美國。

溝通是樹立政策的基石，歐洲的領導人正努力將民眾注意力從結構性問題轉移，因為解決那些問題至少需要花費十年到十五年。

歐洲政府特別喜歡談論液化天然氣的儲量，它目前已超過九〇％，可以保證人們度過即將來臨的寒冬，安撫民心。但他們沒有說明的是，這短短兩個月的能源消費，必須面臨整整十年的能源需求波動，在這段期間，液化天然氣仍是供應調整的主要變數。

歐洲天然氣庫存尚有八〇％受現貨價格影響，因此，即使是世界供應發生的微小變化，都可能使價格在短短幾週內翻倍。歐盟現行法規更是持續阻止其成員國簽訂能源長期合約，儘管這是業內的標準做法。

這讓中國，而不是歐洲，順利與卡達簽訂首批為期二十七年的合約，這在當時是業內最長期的供應協議。卡達的新天然氣田，將從二〇二六年到二〇二七年間起，為全球解決方案做出貢獻。

---

4 是個假設時間點，屆時全球石油開採達到最大數量，之後會開始發生不可逆轉的下降。

何不告訴歐洲人事實真相？其實過去四十年來，我們非常幸運。據彭博社（Bloomberg News）報導，「實際」的油價，即經通膨調整後的價格，現在僅有三十美元，也就是說，與一九八〇年的價格相同。

但這個可觀的經濟和社會優勢，從今以後都成為過去了。我們被迫改變自己的行為。年輕一代將會感到開心，因為他們最渴望改變我們扼殺地球的消費習慣。

民主與社會危機：回歸一九三〇年代

我們現在經歷的社會危機，彷彿回到一九三〇年代。法國接連發生的三場抗議運動，反映了這場社會危機：首先是黃背心運動，起因是國際油價飆升，以及政府提高燃油稅計畫；再來是養老金改革罷工，比較特別的是，這次還包括了部分年輕人走上街頭，儘管他們是現行制度的主要受害者；最後是郊區示威運動，因為不滿執法單位他們在所謂的「目無法紀」地區過度使用武力，該地已失去控制。

在美國，同樣的社會分化以不同的方式表達，事實上甚至更加暴力。根據英國廣播公司（BBC）報導，美國平均一天發生兩起大規模槍擊事件，以及涉及四人以上死亡的凶殺案，鴉片類的毒品肆虐，還有五〇％人口有肥胖問題，主要分布在社會低下階層，由於攝取「超加工」食品導致熱量過高而受害。

在法國，二十世紀下半葉所架構的福利國家制度正在瓦解。它被推向極端，偏離了原本的目的，變成一種普遍化的施捨，也無法再滿足人民。

法國海外省和海外領地，在上次總統大選第一輪投票的結果，就是最佳證明。左派候選人梅蘭雄（Jean-Luc Mélenchon）以超過五〇％的得票率領先，象徵當地居民對傳統政黨的抗議，因為這些地區普遍公共管理不善。

過去我們常說稅收扼殺稅收[5]，但現在過度的公共支出也會損害經濟活動。而不斷推動更多公共支出，可能會使「社會和平的購買（achat de la paix sociale）[6]」變得過時

5 出自拉弗曲線理論（Laffer Curve），說明稅率超過一定限度時，反而會導致稅收減少。

6 為安撫一群個體、一個或多個社會實體，藉由給予特別優惠或分配資源，以避免社會關係惡化，也就是利用公共資金維持社會穩定的方法。

失效，即使公債已高達GDP的五七%，情況也是如此。

一九八一年，法國總統密特朗（François Mitterrand）開始以「公共赤字」這種「軟性毒品」麻醉人民，且其後的繼任者每年不論好壞，都將公共赤字維持在GDP的三%。然而，在這每年少少的三%累積之下，四十年後，法國的債務占GDP比重將高達近一二〇%，國家無法確保人民和財產安全。

正如前述，那些「目無法紀」的地區已經失去秩序；國民教育培養出的學童，有將近五〇%在升上四年級時，仍未完全具備書寫或算數的基本能力；法院的判決無法執行，原因是沒有紙張印製判決書；而在公衛方面，我們竟然看到新興國家才有的景象：法國在七年內換了六任衛生部長。

債務危機：回歸一九四五年

這場金融危機總結用一個數字表達：GDP的三〇〇%。這是全球主要經濟體的公共和私人債務加總，從美國到中國，包括日本、歐元區和英國。

法國央行前行長，也是國際貨幣基金組織（IMF）前總裁拉羅西埃（Jacques de Larosière）在其著作《四十年的經濟誤導》（暫譯，*40 Ans d'égarements économiques*）中，即嚴正指出這項後果。年逾九旬的他痛斥那些中央銀行家，不僅放棄了對政治權力的獨立性，還自甘於為政治權力服務。

今日，美國聯準會高層不是來自跨國投資公司高盛集團（Goldman Sachs），就是來自白宮。而正是這群人，自一九九〇年代著名的「葛林斯潘賣權」（Greenspan Put）[7]後，就一直努力防止金融投資者受到泡沫成本影響，只要市場繼續運作，就能不斷從中賺取豐厚利潤。

洛克菲勒基金會（Rockefeller Foundation）主席盧奇．夏瑪（Ruchir Sharma）指出，美國、英國、日本和歐洲在經濟衰退期間的預算赤字，和央行的資產購買已從

7 一九八七年黑色星期五股市崩盤後，時任聯準會主席葛林斯潘立刻採取行動，緩解市場流動性問題。後指金融危機發生時，聯準會介入市場，提供支持、給予投資人信心的行為，現在也稱為聯準會賣權（Fed Put）。

一九九〇年占GDP的一%，上升到二〇〇一年的三%、二〇〇八年的一二%，一直到二〇二〇年的三五%。其中二〇二〇年，主要是為了協助全球大型私募股權公司，擺脫一項價值被高估、負債過多且流動性不足的產業破產。

回顧過往，要追溯到一九四五年，才能看到近似目前的債務水準。現在，只有加速通貨再膨脹（reflation）[8]，結合負實質利率，才能消除眼前這些債務。

但附帶的損害仍不可避免：為了拯救那些將債務最大化的「蟬」，資金成本被壓縮到零，這時「螞蟻」儲戶才會發現自己破產了[9]。

十九世紀革命家普魯東（Pierre-Joseph Proudhon）倘若地下有知，一定會氣得從墳墓裡爬出來。當年他要求廢除利息，在相隔一世紀後，才終於得到中央銀行的回應，不是以他期望的方式實現。尤其這會讓那些擅長操弄債務的投機者們變得更加富有。

五十年前，一瑞士法郎只能兌一法國法郎；如今，一瑞士法郎可以兌一歐元。瑞士人的本金在半個世紀翻了七倍，也就是每年穩定的相對升值四%到五%，而歐元區的儲戶必須再次準備面對痛苦折磨。

中國家庭則必須在未來十年至二十年內，努力防堵房地產泡沫破裂，因為房地產占了他們目前儲蓄的七〇%；美國人民將見證社會兩極化快速成形，為數越來越少的菁英階層得利於科技革命，享受指數級的價值創造，而其他階層將發現「美國夢」變得越來越遙不可及。

為了完成這杯苦澀的雞尾酒，就只差提起環境危機了，這個危機史無前例。在能源轉型發展史上，首次出現必須使用的新能源，其效率低於舊有能源。

前所未有的環境危機

從燧石、木材、煤炭、瓦斯、石油……先前每次的能源改革，技術進步對於提供更

8 指在經濟衰退時，政府或央行採取一系列政策促進經濟成長的過程。與通膨不同的是，這是針對經濟低迷期的反向調節措施，目的是恢復健康的通膨率水準。

9 作者藉寓言故事《螞蟻與蟬》反諷。在故事中，不努力工作、儲蓄的蟬到了寒冬就難以度日；但在現實中，螞蟻儲戶們卻因為儲蓄而破產了。

有效率的能源解決方案都具備完善構想，而現在所謂「再生」能源卻代表雙重缺點：更昂貴，又更低效。

這項危機的另一個特點，是其對經濟的衝擊不僅規模巨大，而且是突發的。二〇二二年夏天，毫無疑問的，日常生活第一次受到巨大的影響。比如，極端高溫導致法國高速列車（Train à Grande Vitesse，簡稱ＴＧＶ）的軌道變形，延誤了許多班次；在德國，萊茵河低水位致使運輸化學品的河運停航；法國某些地區，在八月就必須提前開始採收葡萄。

現在這些微弱的信號正蔓延擴大，變成嚴重的危機：西班牙巴塞隆納市缺水，被迫以船進水；巴拿馬運河因水深不足，必須將航運量減半；可可因收成驟減而價格飛漲。最後，從北京到紐約，氣候變遷的全球影響範圍與多邊機構在同一時間出現的衰退，形成強烈對比。

各國政府都以本國利益為優先考量，因此全球解決方案的研究過程變得複雜且微妙，不同地理區域的反應也大不相同，但各自都暴露出最大缺點。

在化石燃料遊說團體利益的影響下，大部分的美國人否認氣候變遷的嚴重性，也拒絕採取必要行動；歐洲披著救世主的外衣，但總以本位主義制定規範，對經濟參與者承受的實際後果欠缺考慮；而中國則看到了可以迫使世界上其他國家對中國依賴的機會。

總之，這可真是精采的「危機四重奏」。但我們不要陷入絕望，只要願意離開過去所享受的舒適區，並充分發揮想像力，人類的天生才能總能找到解決方法。

全世界正進入這個強烈顛簸的亂流區，新國際領域的飛行員即將改變飛行模式。我們在過去三十年所度過的和平經濟時期，如果從歷史的角度來看，整體而言是相對良性的。現在我們開始進入另一個時期：戰時經濟時期。

這並不表示我們要重啟戰爭，而是代表為了解決眼前這四大危機，所需要作出的犧牲是如此巨大，以致於全球各地區之間將引發嚴重緊張局勢。

全球人口在不到一個世紀之內，就從二十億增加到近八十億，這樣的人口密度需要在全球有新的分配，過程中也會有一些意想不到的事。

我們越是缺乏準備，這些意外潛藏的危害就越大。

02 邁向戰時經濟，決定性的價值轉移

全世界最令人欽佩的法國企業，就是愛馬仕（Hermès），其產品是奢侈品工業中的頂級精品，在世界各地都廣受歡迎。向來注重保密的執行長阿克塞爾．杜馬斯（Axel Dumas），難得的接受了《觀點》（*Le Point*）週刊採訪，講述了第一次世界大戰戰後時期，如何對其家族事業帶來致命打擊：

「一九一九年，埃米爾．愛馬仕（Émile Hermès）為了替法國軍隊採購皮革，前往美國。當他抵達時，第一個視覺震撼就是紐約街道上竟然滿是汽車。當時愛馬仕只賣馬匹配件，像是馬鞍、韁繩、轡頭等。

「回到巴黎後，埃米爾告訴他的兄弟，馬匹很快就會被車輛取代，他的兄弟聽完後做出結論，認為愛馬仕必然很快就會消失，應該盡快把這份家族事業賣掉。但埃米爾拒絕這麼做，他買下了兄弟的股份，重新打造愛馬仕，並開發新的產品線。於是製作馬鞍的愛馬仕工匠開始生產汽車用的行李箱，接著是女士用的手提包。」

正因為戰爭期間引起劇烈社會動盪，許多巨大帝國有幸得以建立，抑或慘遭瓦解。因此，了解在此期間如何轉移價值至關重要，這是適應新情勢的唯一辦法。

邁向戰時經濟

從和平經濟過渡到戰時經濟的主要「海嘯」，是價值從需求轉移到生產，更確切的說，轉移到生產瓶頸期。

在和平經濟時期，經濟受到需求驅動，每個競爭者都盡其所能的回應消費者的需求；但在戰時經濟時期，規則改變了。

就像在一九四〇年到一九四四年間，因為法國受到德國占領，物資短缺，即使是在乳製品產區，起司也相當昂貴。我們的祖母不會再到蛋奶乳酪專賣店去買霍布洛雄起司（Reblochon）或是洛克福起司（Roquefort），因為她們只買得到像是菊芋（Jerusalem artichoke）這種耐寒又容易種植的塊莖植物。

唯有能夠生產的人，才能變得富裕，我們將重新發現生產的重要性，在上一個週期中它被低估了。

某些董事會也已將此納入考量。在法國巴黎證券交易所四十家市值最大公司中，四〇%已任用綜合理工學院，或中央理工學院畢業的工程師進入公司的管理階層。這些理工學院校友終於可以對國立行政學院畢業生展開大反攻，如今行政學院校友僅占高階領導階層的百分之五。

就在不久前，我們接收到第一次警告：現在整個地球都仰賴臺灣的台積電，它是全球唯一以超快速度提供高性能晶片的製造商。一般大眾並不知道它對所有精密電子產品有著不可或缺的重要性，比如，智慧型手機。

台積電於二〇一〇年初即成為 iPhone 零件的專業製造商，公司市值在十年內翻漲了十倍，目前市值超過五千億美元[10]。然而，在無意之中，這家企業變成中美之間政治緊張關係的暴風眼，使得臺灣成為技術和政治的熱門議題。

當供應出現翻轉，隨之而來的就是需求受到衝擊，且衝擊規模可能是我們父母輩在一九七三年所面對的三倍之大。

首先，歐洲能源危機的影響，是根據各國政府設置能源安全計畫的標準來衡量。儘管該措施產生了不良效果，使得汙染最嚴重的能源延長消耗，二〇二三年分配給歐洲人民的補貼飆升，正如我們所見，補貼已超過七千五百億歐元，幾乎占GDP的百分之三。接下來，還得重新組織供應鏈，以限制對風險地區的顯著依賴。預計產生的額外成本約為GDP的百分之二。

儘管遷移生產工廠在理論上很有幫助，但實際執行的確困難重重。搬遷工廠會產生龐大的額外成本，甚至需要相當於必要投資的三分之一到一半的公共補貼，例如半導體

10 根據二〇二四年十二月新聞，台積電市值已突破一兆美元，且根據美國財經網站 24/7 Wall St. 分析，台積電市值可望於二〇二六年超越輝達（NVIDIA）。

產業，意法半導體集團（STMicroelectronics）到法國設廠、美國的英特爾到德國設廠，即需要大量財政支持。

成功不能只靠運氣。要不就是營業項目難以在市場上脫穎而出，必須依賴規模經濟，以至於成本結構無法與亞洲對手競爭，從賽諾菲（Sanofi）集團分割出來，專注於活性藥物成分領域的製藥公司 EuroAPI 即是一例；要不就是因為產業複雜度高，其產品項目屬於高度分散的價值鏈一部分，只要缺少其中一環便無法完成製品，比如半導體供應鏈裡的特用化學品產業。

下一個罪魁禍首，是食品通貨膨脹，也是對執政者而言最危險的一種通貨膨脹，因為它是歷史上人民起義的根源。

二〇二二年食品通貨膨脹率已上升至近一五%，主要由於跨國食品企業的「貪婪膨脹」（greedflation），也就是企業利用通貨再膨脹的暴利效應，趁機漲價，以提高毛利率。這次通膨增加了一．五%到二%的衝擊，並影響了至少一〇%的家庭支出。

最後一個罪魁禍首，環境轉型的成本。

在傑出經濟學家吉恩．皮薩尼－費里（Jean Pisani-Ferry）的領導下，法國戰略署

（France Stratégie）的專家們估計，未來四十年環境轉型成本將占GDP的三％到四％；挪威能源集團Equinor的總體經濟學家指出，要達成二〇五〇年淨零排放，目前全球投資金額僅占所需的四分之一。

能源、供應鏈、食品通貨膨脹和環境轉型，這四個要素加總起來產生的消費衝擊約占GDP的一〇％，是一九七三年至一九七五年間因能源單一要素帶來的消費衝擊的三倍。因此，向人民承諾可以維持他們的購買力不變，其實是誤導民眾，他們注定是這四重衝擊的主要受害者。

最好的辦法，是找出造成這種深刻變化的主因，才能確定如何影響其演進過程。如此巨大的經濟衝擊，必然會造成人與人之間，乃至國與國之間關係的劇烈動盪。

通往新世界的過程

進入戰時經濟時期的過程中，最大變化無疑是信任關係發生了改變。這段期間需要實施多項應對通貨膨脹的控制措施。我們正遠離美國政治經濟學者法蘭西斯．福山（Francis Fukuyama）所稱的「高信任」文化，並走入「低信任」文化，只剩下血緣關係仍被認為可以信任。

這種缺乏信任，正是中國在產業生態系相對失敗的根本原因。

產業價值鏈的每個不同環節，比如半導體製造、智慧型手機操作系統和航空設計等，必須共同合作才能獲得成功。因此，人們想找出信任的新潛在來源，像是創新技術解決方案，特別是採用區塊鏈技術，透過供應鏈可進行追蹤的解決方案。

專家查爾斯．吳休西（Charles d'Haussy）明確指出：「區塊鏈是無信任世界中的合作技術。」其著作《區塊港》（*Block Kong*）正是探討這方面的經典。

另一個變化是，恣意妄為取代了法條規定，關於這點，川普早已讓我們見識過了。二〇一七年就任後，他就不斷釋出美國應該反悔簽署伊朗核協議（Iran nuclear deal）和跨太平洋夥伴關係協議（TPP）的想法，也摧毀了美國對合約的遵守。在此前，合約一直是全球參考基準。

這不禁讓人質疑國際組織存在的理由。這些組織從此暴露在合法性的危機當中，無論是關稅爭議期間的WTO，還是新冠疫情期間的世界衛生組織（WHO）。

此外，加強貿易邊界取代了自由貿易。從一九九〇年以來，世界貿易比經濟活動成長更快速，從全球國民生產毛額的一三%增長至二一%。在增加的八個百分點當中，有七個要歸功於民主國家，與所謂「專制」政權之間的貿易開放。

難道我們現在要冒著可能損失全球七%財富的風險，只在「朋友間」進行貿易？是不是有點像一家公司決定只跟「好」客戶做生意？

現今的交易方法扼殺了對價值的尊重，尊重價值原本在上一個週期是最基本的，至少觀念上是如此。如今的標準變成了「土耳其模式」：這個擁有十個邊界的國家，手法巧妙的與鄰國輪番交涉，以逐筆交易的策略得勝。

沙烏地阿拉伯聲稱可以同時和以色列及伊朗和平共處……但僅僅幾個月後爆發了加薩危機，才發現其中的局限性。他圍繞著美國、俄羅斯和中國分別建立國防、能源與貿易關係。

當印度外長被問及在俄烏戰爭中對俄羅斯的間接財政支持，他高興的回答：「我不是買俄羅斯石油，我買的是石油。只是碰巧今天俄羅斯向我國十四億的人口提出了最優惠的價格。你給我更好的條件，我就跟你買！」

談判不再以和平時期的中心原則——「權力平衡」為討論基礎，而是取決於依賴狀態。主要概念不是要在兩種立場之間尋求一個平衡點，相反的，是要確保長久維持對另一方有利的不平衡。

雙方陣營都試圖把自己變成在捕鼠器出口等待的貓咪，形成一種零和賽局，一方獲得的利益，都是以另一方的直接損失為代價。

觸發的時間點發生在二〇二〇年三月，中國製造的口罩單價從一美分飆漲到一美元[11]。世界各國猛然發現對美國高科技的依賴，會伴隨著對中國低科技的依賴。

而中國把握機會順勢竄起，創造奇蹟，短短幾個星期，電動車電池製造商比亞迪集團搖身一變，成了全球製造口罩的領導廠商，而此時美國人卻為了自己的利益，試圖在機場停機坪上攔截運往歐洲的口罩。

才華出眾的法國歷史學家艾瑞克．布蘭卡（Éric Branca），在其精闢著作《美國朋友》（暫譯，*L'Ami américain*）中，替歐洲人打預防針，提醒千萬不要對美國抱持樂觀態度。他在書中詳細描述了在一九四〇年至一九六九年間，美國中央情報局（ＣＩＡ）

對戴高樂將軍做出令人厭惡的行為。

而現在輪到地緣政治學家多明尼克・莫伊西（Dominique Moïsi）在《回聲報》（*Les Echos*）警告歐洲：「美國是我們最親密的地緣政治盟友，但也是我們在地緣經濟上的戰略競爭對手。」

總而言之，邁向戰時經濟的過程中，可以看見人類之間的關係以及國家之間的關係將重新格式化，人類互動和貿易的方式不再相同，而前述提到的轉移將持續下去。

相信能回到「昨日世界」的基礎，是不切實際的幻想。我們必須做好準備，培養必要的靈活度，以適應新的混亂局面。這場混亂的輪廓在初期是移動式的，隨著前述提到的各種轉移產生的顛簸動盪，不斷演變。

11　一美元等於一百美分，即飆漲了一百倍。

03 交易形式的「混亂星球」

蒂埃里．埃爾曼（Thierry Ehrmann）是藝術品拍賣資料庫 ArtPrice 的創辦人，也是法國最標新立異的企業家之一。

這位改革家打破了思想純正的家族傳統，在位於里昂高檔郊區的聖羅曼歐蒙多爾（Saint-Romain-au-Mont-d'Or），創立名為「混亂之屋（Demeure du Chaos）」的露天博物館，就像一處巨型雜物堆，雜亂無章的聚集一大堆所謂的當代藝術裝置。許多當地居民把它看作是可恥的公共垃圾場，並迫切呼籲正義救援。

我認為埃爾曼如果要為自己辯護，可以引用漫畫家普蘭圖（Plantu）一部作品的標題來詮釋：「這星球，並不整潔！（Pas nette, la planète !）」

沒有多極化世界

人們即將生活在一個「混亂星球」上，且沒有人知道這段過渡期會有多長。那些名聲響亮的地緣政治學家努力向我們保證，過渡期會依序從兩極世界，到所謂的「多極化」世界。這種願景是基於一種信念，相信中國會透過建立新的國際機構，控制並利用這些機構製造對自己有利的優勢，以制衡美國的主宰地位。

實際上，中國的倡議清單不斷增加，包括一帶一路、金磚國家、亞洲基礎設施投資銀行（ＡＩＩＢ，簡稱亞投行）、上海合作組織，以及最近的全球南方，目的是將總人口數超過六十億、一百多個國家聯合在一起。

以西方人的感受來說，如果不用「懷疑」這個字眼，會傾向於用「比較謹慎的態度」來看待這些倡議。一帶一路最主要的問題是不透明，且預估金額與實際投入的相差甚遠。一般認為十年累計融資金額達一兆美元左右，其中約三分之一未能實現。

二〇二三年十月《金融時報》（*Financial Times*）報導，自二〇一八年至二〇二一年底間，全球已經以每年三百億美元至四百億美元的速度，完成了總計兩千四百億美元的債務重組。

值得一提的是，投資者放棄這些地區的原因之一是它們的風險狀況。根據委內瑞拉、安哥拉、奈及利亞、剛果民主共和國、巴基斯坦和斯里蘭卡等國家的債務違約情況，即便將抵押資產收回，對中國仍不有利。

中國最近的未償還債務減為一半，每年僅五百億美元，證實了這項財務失敗。它們相當於中國政府持有的美國國債的簡單償還款，中國所持有的美債總額從二〇一三年達一．三兆美元的高峰後一路降至八千五百億美元。這筆錢是中國歷經二〇〇〇年代艱苦賺來的，現在停止作為美國的供應商信貸。

這使習近平得以在不用付出邊際成本的條件下，支持他的地緣政治優先要務。如今，這筆獲利不斷流向沙烏地阿拉伯和伊朗，且逐漸增加，在中國進口的「絲綢」上飄散著中東碳氫化合物的氣息。

接著說到金磚國家，即使是由二〇〇〇年代初期，首次提出金磚國家概念的高盛銀行專家吉姆．奧尼爾（Jim O'Neill）來看，也認為這個組織沒有實現承諾。

這並不令人訝異，因為從一開始，金磚國家的組合就像法國諷刺漫畫《鎳腳》（暫譯，*Les Pieds nickelés*）[12] 一般，不利因素如下：經濟勢力不平衡，中國居於相對主導地位；中國和印度這兩個人口大國之間的政治敵對關係，且印度在軍事方面加入了和美國、日本、澳洲聯盟的四方安全對話（Quad）；文化差異性，最明顯的例子就是當時南非禁止進口中國保險套，理由是尺寸太小；甚至在面對美國霸權也缺乏共同立場，巴西和印度對美國各有盤算。

二〇二三年時擴大邀請新成員加入，包括沙烏地阿拉伯、阿拉伯聯合大公國、伊朗、埃及、衣索比亞和阿根廷，此後更是難以找到成員間的同質性，未來缺乏凝聚力的情況可能加重。

為了對抗美國的技術主導地位，聚集原料生產國的藍圖乍看之下可能很有吸引力。不過仍然需要具體展現出共同的執行力，現階段看來明顯缺乏。

12 此漫畫的三位主角分別是小騙子、吹牛者和懶惰鬼。三位主角狡猾又滑稽，經常透過計謀或誤導來達成目的。作者用此漫畫來比喻金磚國家之間亦競爭亦合作的關係，也因彼此間個性（背景）不同而較難順利合作。

至於亞投行，事後看來，無論是在募集資金或核發貸款方面，都沒有達到創立時大肆宣揚的水準。亞投行的創立，主要是為了與深受日本影響的亞洲開發銀行（Asian Development Bank）競爭，它試圖建立一種管理架構，既能讓中國享有否決權，又能符合西方要求，特別是在環境問題上。

二〇二三年，亞投行加拿大籍主管宣布辭職，揭露中國共產黨干預該銀行機構的管理，引起世界譁然，該銀行的跨國性備受質疑。

前述這些例子破壞了多極化世界的遠景。在多極化世界中，新的區域組織將與二戰後由西方掌控的國際秩序競爭。然而，這種分析是否引用了過於歐洲化的潛在意識形態？假如中國的野心並非不同性質呢？

用經濟分化世界

習近平的第三屆任期，難道不能矛盾的兼容控制和混亂嗎？在國內加強控制，利用數位「老大哥」（Big Brother）強化監視系統；在國外挑起混亂，多邊機構的大量增加最主要是為了根據涉及的主題，增加專門的機會主義聯盟。

沒有什麼比擁有二十七票否決權的歐盟無法運作，更能讓中國堅信歐洲沒有任何地緣政治影響力，也令中國更相信偏好只和一位「夥伴」推動有針對性的雙邊協議——而且是不平衡的——實乃明智之舉。

過去十年來，中國就是用這種方式處理與歐洲各國的關係。尊崇《孫子兵法》的分化敵人戰術，中國擅於找出歐洲鏈條中薄弱的環節，並且逐一嘗試博取好感。

首先掉進陷阱的是卡麥隆（David Cameron）擔任首相時期的英國，接著是東歐國家，討論以所謂的「十六加一[13]」機制合作，等待中國投入四十億美元基礎設施資金，但始終沒有實現。

再來是義大利，也是七大工業國組織（G7）[14]中唯一加入一帶一路的國家，但在

13 指中國—中東歐國家合作（CECC）是中國與中東歐地區十六個國家展開的經貿合作，因立陶宛、拉脫維亞和愛沙尼亞先後退出，現存十四加一。

14 由世界七大已開發國家經濟體組成的政府間政治論壇，正式成員國為美國、德國、英國、法國、日本、義大利、加拿大。

加入幾年後即要求退出。最後，這場給歐洲戴綠帽的大型舞會，在二〇二三年春天擴大到法國，馬克宏猶如「慕尼黑協定簽署國（munichoise）[15]」的訪華安排，還以為像習近平這樣的專制獨裁者會無法抗拒他的魅力……而普丁早在前一年已經證明這招不管用。

中國的做法，每一次都以加強分化歐洲為目的，清楚顯示北京當局並不追尋一個新多極化世界。相反的，他大幅增加其多邊交友俱樂部的數量，而且盡可能以非正式的交流為主，才能讓中國有更多機會左右逢源，找到最佳的雙邊貿易夥伴。

混亂世界的過渡階段更加適合中國，因為中國知道其領導階層相較於世界其他國家更具優勢，也已習慣面對這樣的情況。西方仍然比較追隨直線發展，而中國受到傳統中醫的啟發，向來熟悉氣脈的流動概念。

西方人所認為的「混亂」，在中國人眼中往往只是一種波動的情況，既是威脅，也是機會的來源。

然而有關中東情勢升溫，專家吉爾．凱柏（Gilles Kepel）在《快報》中明確指出：「和一九七三年相比，阿拉伯國家緊密結盟的邏輯已不復存在。在四分五裂的體系中，點燃戰火的風險最大。」歡迎來到「混亂星球」！

綜上所述，我們看到二〇二二年如何隨著四項危機，與前一個週期的銜接完全斷絕，產生了兩大改變。

在經濟領域，由於劇烈的價值轉移，和平經濟轉向戰時經濟，過去三十年貿易關係沿用的組織方式正在重新規畫；在地緣政治領域，由於與前一個週期的斷絕倍增，產生了「混亂星球」，使得國際的上層建築（superstructures）[16]無實用價值，取而代之的是純粹交易行為的增長，依據不同的主題，利益也有所不同。

面對雙重裂口，沿襲上一個週期的經濟與地緣政治模式，必將危險的證明無效。因此，我們必須思考新的方法來理解這兩個從此相互交疊不可分割的領域。

15 指在政治或外交上，屈服於武力強權之人。
16 源自馬克思主義理論，上層建築指與生產沒有直接關係的文化、制度、思想等，上層建築往往是影響國家經濟的重要關鍵，與下層建築（即經濟基礎）相對。

第三章

地緣政治與經濟被迫緊密結合

移居香港十多年以來，許多朋友的孩子在找第一份工作時，會來請教我，希望能獲得一些建議。二〇二三年六月LVMH集團董事長貝爾納．阿爾諾（Bernard Arnault）在《費加洛雜誌》那篇歷史性訪談，幫了我很大的忙。

於是我引用他回答法蘭西學術院院士尚－瑪麗．魯阿特（Jean-Marie Rouart）提問：「您對社會新鮮人有什麼建議？」時所說的話：「確立目標、了解自己、分辨差異，要先天具備或後天培養耐心和韌性，這兩項特質。最後，在對的時間，出現在對的地方，換句話說，就是運氣好。」貝爾納．阿爾諾的辯答，結合了理工學家的精確，和企業家的簡潔。

我再補充一點我個人的建議：「做任何除了你父母從事的工作以外，你想做的工作。因為人類需要進步！你所從事的工作，最好兩年前還根本不存在。」

當我們進入職場，最令人興奮的，莫過於正逢一個新週期的開啟階段。世界上不斷有職業即將消失，同時又有新的職業興起。而在我作為投資者的工作中，觀察到經濟出現了一種新的層面，即地緣政治層面。

在過去的三十年裡，地緣政治算是比較輕鬆的主題。例如，投資銀行每次舉辦各國考察旅行，除了拜訪大老闆及高層人士，還要與該地區的地緣政治專家會談，最好是共進晚餐。這也是考察旅行中最放鬆的時刻。

以前地緣政治是加分的選修課，如今是每個投資者的必修課。

01 從世仇到密友的德法

我們的社會僵化、缺乏互動，習慣將人才明確分類，歸入各自的專業領域，不鼓勵和外界交流。因此，長久累積下來，地緣政治學者便對經濟領域表現出輕蔑的態度。

他們認為企業領袖淪為重商主義分子，充其量，不過是毫無道德感的貪婪商人，甚至認為企業家只是簡單執行物質任務，與處理高度複雜的國際關係所要求的高超才智相比，兩者相距甚遠。

這種鄙視很可能夾雜著嫉妒的成分，因為通常依附於大學系統的地緣政治研究人員和專家注意到其資源正逐年縮減。

相反的，隨著全球化順利進展，各方經濟領袖的信心也日益增強。

首先對國際貿易帶來的好處，懷抱信心的是德國人。鑑於一九七一年德國總理威利．勃蘭特（Willy Brandt）實施「東方政策」，其主要觀念是「以貿易促轉變（Wandel durch Handel）」，也就是增加與獨裁政權的貿易，以促進政治改革。藉由這種措施而非政治手段，才使得政治對立的兩個陣營之間重新建立關係。

法國思想家孟德斯鳩（Montesquieu）曾提出「商務平和論（doux commerce）」來表達這個觀念：貿易讓人變得友好，且唯有友好的人才能進行貿易。

正是基於這種過度的信仰，一九八九年媒體歷史學家法蘭西斯．福山發表的論文〈歷史的終結？〉（*The End of History?*），宣告全球終將西化，其論點當時受到西方吹捧，實際上，這是忽略地緣政治所犯下的錯誤。

在法國，商界和地緣政治界之間缺乏溝通，主要是因為商界領導人無法信賴奧賽碼頭（Quai d'Orsay）[1]的那些外交官。回顧這三十年來他們的工作表現，只能說，若是投履歷到企業求職，恐怕連面試機會都沒有。

1 法國外交部所在之處，用以代稱。

法國是唯一被指控反對一九九〇年德國統一的國家；唯一承認一九九一年蘇聯政變的國家，該政變很快便瓦解；唯一支持突尼西亞總統班・阿里（Ben Ali）的國家，直到二〇一一年阿拉伯之春前夕；唯一呼籲尊重二〇二三年加彭總統選舉結果的國家，力圖維持阿里・邦戈（Ali Bongo）的財閥統治。由此可見，法國外交部的表現還真是可圈可點啊！

更廣泛的說，西方經濟領導人深信，商界對社會演進的影響力，遠超過政治界，這主要歸功於工業技術革命。他們特意將政治交給當代最平庸之人，而吸引最具聰明才智之人進入他們的公司工作。一旦政治回歸時，問題就此發生。

傲慢、輕視、過度自信、無能……諸多因素混合，導致商界和政治界之間缺乏對話，當今時勢的發展終於使得這兩個世界相互靠攏。

02 兩個孤立個體在藍海中結合

歐洲工商管理學院（INSEAD）的兩位教授金偉燦（W. Chan Kim）和芮妮．莫伯尼（Renée Mauborgne）於二〇〇四年就想到將其針對企業策略的研究發現，發展成一套理論，稱之為藍海策略（Blue Ocean Strategy）。

主要論點是，當兩個行業看到各自的市場已經完全飽和，要如何透過結合，創造出新的成長利基。比如，當年以純運動品牌起家的彪馬（Puma），後來結合了運動和時尚兩大領域，創造出新潮的「運動休閒」市場，也凸顯其品牌差異。尤其該公司將運動鞋轉型成超級時尚的潮鞋，大獲成功。

而太陽馬戲團（Cirque du Soleil）將現代觀眾不感興趣的兩種藝術形式——歌劇和

馬戲團——結合，以完全不同的風格呈現，徹底改革娛樂世界，創造出新的表演形式，持續在全球巡迴表演。

當今地緣政治界和商業界也是類似情形，雙方若未來想要蓬勃發展，勢必得相互融合。俄烏戰爭無疑是導火線，絕大多數的地緣政治專家在衝突爆發前夕，還在批評CIA提出的警告，這證明了地緣政治專家的專業技能已經落後於現代需求，需要從根本重新調整。

同樣的，跨國公司的董事會觀察到在國內生產總額占全球比重不到二%的地區，他們的業務枯竭。雖然在財政上已經證實，這項挫敗是可控管的，然而其所傳達的信息含有結構性意義：地緣政治的變化完全超出商業界的控制範圍，因為地緣政治的變化可以使某個關鍵地區的業務量瞬間歸零。

所以，必須結合地緣政治學和經濟學，並發展一門新學科，唯有如此，才能預測新週期的未來發展。

貿易轉變為戰爭武器

對地緣政治學家而言，必須理解衝突的本質已經改變，正如專家艾倫．鮑爾在《一開始就是戰爭》（暫譯，*Au commencement était la guerre*）一書中的精確描述：**從今以後，戰爭的型態是混合戰。**這意味著未來的戰爭將混合軍事與非軍事戰術，包括網路戰、貿易戰等。

喬良和王湘穗兩位中國將領早在一九九九年於《超限戰》一書中就預言：「超限戰的戰場不同於以往，它包括所有自然空間、社會空間和不斷擴展中的技術空間，如奈米空間等。」這正呼應了喬治．克里蒙梭（Georges Clemenceau）的名言：「戰爭！這件事太重大了，不可交由軍方決定。」

如今貿易轉變為戰爭武器，與威利．布蘭特和孟德斯鳩的樂觀信念背道而馳。

經濟主權成了日益強化的保護主義措施的正當理由，使得上一個週期的發展主軸受到質疑。

中國新訂的數據安全法，擴大了中國與西方國家的脫鉤，加速區隔中國和世界其他國家的資訊科技系統。在新冠「清零」政策失效後，跨國企業開始對其在華的管理團隊進行中國本土化，並加速分割成兩個獨立實體，降低彼此的關聯。

西方企業只能被迫接受，並重新思考在中國的存留。然而在北京當局看來，這種脫鉤並不影響自身與世界貿易緊密結合的事實，因為中國的全年貿易總額已突破六兆美元。全球出口的中間產品中，有三分之一是由中國製造，正因如此，中國並不希望去全球化，只是想透過灌輸「不必由西方主導一切」的觀念，促成全球去西方化。

科技為現代戰爭開啟新模式。二〇一七年新加坡無廠半導體公司博通（Broadcom Limited）開出一千兩百億美元的天價，擬收購美國高通（Qualcomm）公司，此舉對川普敲響了一記警鐘。

在此之前，從來沒有一個亞洲集團尋求掌控如此大規模的美國科技龍頭。這場風暴引起美國政府關注《中國製造二〇二五》計畫，其目標即實現中國在多項產業成為世界製造強國前列，包括5G通信、航空航太、半導體、電動汽車、生物技術和可再生能源等。

這導致美國立即決定禁止在美國本土銷售華為和中興通訊的產品，大多數西方國家隨後也跟進這項決定。

然而在這場新型戰爭中，二〇二二年十月七日，這天將被視為現代版珍珠港事件紀念日。就在中共二十大召開的兩週前，美國公布出口管制措施，以補充八月頒布的《晶片法案》（*Chips Act*）。

新禁令規定，凡涉及當前最具結構性的三個技術領域——高精度技術晶片、人工智慧（AI）和量子運算——都必須事先取得美國當局許可才能向中國出口。

美國公布這項單方面的決定，時機並不單純。它意味著向習近平宣布，華盛頓當局預料中國共產黨將從集體領導，走向絕對個人權力。

誠如名句所言：「權力使人腐化，絕對的權力使人絕對的腐化。」因此，多做討論已無濟於事。中國沒有立即做出回應，這不但顯示中國完全錯愕，而且一開始也沒有清楚掌握該措施所涉及的範圍。

直到兩個月後消息曝光，獲得微軟資助的科技新創企業 OpenAI 公開宣布，一種新形式的生成式AI將於十一月底問世。其目標是利用大型語言模型，使一系列相對低附加價值的服務，產生革命性的變化。

高盛銀行的投資分析專家很快就評判這是顛覆性的突破，並估計至二〇三〇年美國經濟受益於此，生產力將可提高七個百分點。

當年資訊業的興起，幫助美國走出七〇年代的停滯性通貨膨脹，比爾蓋茲（Bill Gates）也指出，自一九七五年個人電腦發明後，生成式ＡＩ是他見過最具革命性的技術展示之一。

直到二〇二三年三月，北京急切要求在中國最領先的百度，向金融分析師們發布人工智慧聊天機器人「文心一言」。發布會進行時，百度的股價立即下跌一〇％，反映出投資人對百度的技術缺乏信心。

根據評估，專家們推測中國技術落後西方大約五年到十年左右。

中國試圖反擊，限制稀土出口，但就如同二〇一〇年代初期中國中斷供給稀土給日本一樣，終將毫無成效。

在美國方面，這場技術戰是在「３Ｃ」原則下開打，即合作（Collaboration）、競爭（Competition）、對抗（Confrontation），經過精心布局，不同於歐洲，美國清楚定義綱要。**中美之間的對抗，首先發生在科技領域。**

從此地緣政治學要評估中美關係，必須洞悉半導體工業的關鍵問題。要知道，起草《晶片法案》的人不是外交官，也不是律師，而是專門研究供應鏈的兩位博士，正如美國學者克里斯．米勒（Chris Miller）在其精采著作《晶片戰爭》（*Chip War*）中所述。

因此，如果說地緣政治學者還有許多功課要做，那麼，經濟界也一樣，還有許多事要忙呢！

「中國加一」誰是贏家

進入戰時經濟正在具體成形，我們看到網路攻擊已從公共領域擴展到私人領域。除了傳統上針對國防等各部門以外，攻擊目標不再局限於行政機構、醫院、發電廠或電力網路等公共基礎設施，還包括私人企業。

據專業網路安全公司 Orange Cyberdefense 估計，二〇二三年全球網路勒索受害者數量增加了四六%。新的風險正清楚的告訴企業領導人，地緣政治的問題從今以後不再容許忽視。

當務之急是對中國經濟「去風險」，因為中國的GDP在全球所占比重高達二○%。經濟領導人要從俄羅斯的經驗中學到教訓，防範中國於未然。

因此，二○二三年企業間開始廣泛討論「中國加一」策略。鑑於中國「世界工廠」的角色在短期內不可能被取代，所以嘗試離開中國並不實際。中國是世界唯一的製造業「超級大國」，其產值超過排名在其後九個國家的總和。

同時，歷經波音（Boeing）、英特爾和奇異公司（General Electric）的失敗後，美國再也無法掩蓋其過去工業投資不足的災難性後果。

「中國加一」策略主要是將新投資集中在中國以外的地區，比如東南亞、印度、墨西哥、加拿大、摩洛哥等，都是跨國公司密切關注的替代地區。紡織業就是一個具體例子，尤其是運動領域。

由於早已預料到，西方國家會因新疆維吾爾族遭受的迫害而對中國施壓，紡織業甚至在新冠疫情前，就已經開始將大部分業務從中國轉移到越南、柬埔寨或孟加拉。而要說明全球工業生產在地緣政治上的重新配置，最具代表性的莫過於鴻海集團。

這家臺灣大廠是「世界工廠」的象徵，在巴黎車展上，它向大家宣布投入電動車組裝廠，目標是在二〇三〇年前達到全球市占率一〇％，並且將採用韓國電池和義大利設計，至於三個組裝廠……不再設在中國，而是臺灣、泰國及美國。

雖然遷移生產地聽起來似乎很有吸引力，但仔細分析，改變生產基地需要時間，而中國過去可是花了將近二十年來優化當地供應鏈。

二〇一七年至二〇二二年間，中國在美國進口市占率下降五個百分點；而越南明顯增加近兩個百分點，臺灣增加一個百分點，韓國、墨西哥和加拿大皆大幅提升。然而，這些統計數據忽略了在此同時，上述這些國家從中國的進口量也大幅增加，中國仍是主要的次級供應商。

隱藏在「中國加一」策略背後，其實是「包含中國，真聰明！」的意思。就連美國人，像是華盛頓的全球發展中心（Center for Global Development）也預測，直到二〇五〇年全球四三％的製造能力仍以中國為基地。

就現階段而言，替代方案的嘗試結果並不令人滿意，蘋果移師印度便是一例。

據《金融時報》報導，最近蘋果在印度製造的產品不良率仍近四〇%。二〇二三年，一份研究報告詳細介紹了蘋果如何在中國建立了難以複製的競爭優勢，提姆·庫克（Tim Cook）也因此獲升為該集團掌門人。這在加州科技界並不常見，因為他們並不習慣獎勵生產部門和後勤部門的主管。

正是這位了不起的庫克，在推出他深信會在全球熱賣的 iPhone 時，和鴻海談妥了有史以來的最大產量，並要求供應鏈的次級供應商資訊必須完全透明。如此一來，蘋果公司便可以實現所有將產地遷至中國的西方企業，未能實現的夢想——親自監測整個生產鏈，進而完全控管。有任何不符預測的情況時，得以從上游立刻進行干預，確保最高生產率，這可是電子業的獲利關鍵。

不過，這種做法在中國通常不可行，因為客戶只要知道其供應商的次級供應商，就會忍不住嘗試直接聯繫次級供應商，以協商更好的價格，藉此獲得多一點利潤。

目前九五%產量在中國製造的蘋果，打算保住這項寶貴的競爭優勢，宣布至二〇二五年中國產量仍將占其生產總量的七五%。無論如何，重新組織複雜的供應鏈至少得花費三年到五年。

當英國媒體一味的抨擊中國，進而聲稱印度將是未來十年的替代生產中心，依我看，他們是糊塗了。首先，吹捧印度為「世界上最大的民主國家」就是個錯誤，他們完全忘了印度總理納倫德拉．莫迪（Narendra Modi）曾因違反宗教自由，遭華府禁止入境美國達十年之久，其對宗教的壓迫不亞於中國。

此外，印度的財閥政治是在種姓制度下造成的，其特點是依靠極少數的家族，這幾個家族事實上控制著整個國家的經濟。

據《金融時報》報導，光前二十家企業集團就創造了全印度企業八〇％的利潤。例如，一度躍升成為世界第三大富豪的億萬富翁高塔姆．阿達尼（Gautam Adani），其財富主要來自於所屬企業集團持股，而他那「不容置疑」的會計帳務是由當地一家僅有六名員工的事務所負責審計。

對此，高塔姆．阿達尼提出解釋，表示自己偏好印度的小公司。印度的財閥政治主要仰賴其對國家主要基礎設施的所有權，且刻意維護不足，藉此實現現金流最大化。

事實上，印度還有一個特點與中國非常不同，那就是這些億萬富豪並不看好將財富再投資於生產能力，最近幾年印度反而走向「去工業化」。

據世界銀行統計，二〇一〇年印度的工業占國民生產總額的一七%，到了二〇二二年僅占一三%。不過，至少有一項，印度毫無爭議的仍居世界排名前列：政府擅自關閉網路的次數[2]。

這些財閥偏好投入資本密集度較低的貿易業務。印度對中國的貿易逆差，在十年內增至七倍，達到一千億美元，這只會加劇印度對中國的依賴，然而實際上，中國被視為不可靠的夥伴。

二〇二三年十月，彭博社報導普丁為何要求印度，以人民幣代替印度盧比支付石油和天然氣的採購費用。主因是印度的進口額不足，導致俄羅斯的印度盧比供應過剩，這位俄羅斯獨裁者已經不知道該如何處理這些盧比了。

目前只有過去被中國政府忽視的資訊科技服務業，能在印度蓬勃發展。不過，礙於全國分成二十八個邦和多達二十四種不同語言，單憑一項資訊科技服務業仍無法使印度能和中國的規模經濟競爭。

在分散供應鏈的需求下，東南亞成為企業遷移的目的地之一，東南亞共有十幾個國家，其國民生產總額合計約為三兆美元，但是仍不到中國的五分之一。

目前東南亞僅有三十一個大型貨櫃港口，預計到二〇二七年還會增加十餘個，即使如此，與中國現有七十六個貨櫃港口相比，仍明顯呈現差距。

這些東南亞國家常因腐敗猖獗而治理不力，完全不符合西方上市公司的有效管理。儘管東南亞有潛力成為未來十年世界上最有發展的地區，但的確需要發揮想像力和技術，才能妥善營運。而北京方面也非常重視該地區的戰略重要性，過去十年間，中國在南海大力強化其軍事存在，而美國並未做出任何反應。

未來，韓國將會是亞洲關鍵國家，主要歸功於半導體領域的三星集團（Samsung）和能源儲存領域的LG集團。韓國現在已經占全球奢侈品市場的一〇%，而且LVMH集團董事長貝爾納·阿諾爾也注意到了這點。

二〇二三年二月，他決定出訪首爾，而不是像他的同行一樣，在災難性的「清零」政策結束後，到上海慶祝中國重新開放。

他在首爾會見樂天集團的領導階層，他們擁有該國最大購物中心。誰也不知道，這

---

2 由於政治不穩定與民眾抗議頻傳，印度政府數次關閉網路服務，避免民眾在網路上散布訊息而使衝突加劇。

會不會是基於他的董事于貝爾・韋德里納（Hubert Védrine），也就是受人尊敬的《地緣政治辭典》（暫譯，*Dictionnaire amoureux de la géopolitique*）作者的建議，他才趁此行和未來的韓國夥伴，制定未來十年征服東南亞的計畫？

從上述例子可以清楚看出地緣政治學家和商界領導人，這兩個不同領域的人如果想要充分把握新週期的發展，就必須緊密聯繫。要是雙方了解這種做法對彼此有多大幫助，那麼他們就會更加願意接受。

03 修昔底德陷阱的快樂解方？

美國學者格雷厄姆．艾利森（Graham Allison）在《注定一戰？》（*Destined For War*）一書中，把研究重心放在他認為當前最重要的地緣政治議題：中國勢力的崛起及其挑戰美國領導地位的意志，其論述已成為地緣政治學的參考。

艾利森從斯巴達和雅典之間的爭強談起，回顧世界第一強國和第二強國之間的緊張關係。他表示，縱觀歷史，這種爭鬥最後帶來許多不同的結果，爆發衝突或和平移交權力都是可能的。書末還提出了避免中美未來軍事衝突的可行方案。

就定義而言，新型戰爭的性質變成是混合性，前一章的結論可供說明：唯有認識經濟層面的本質，才能找到地緣政治的解決方案。

首先，對於臺灣周邊的緊張局勢，必須進行客觀分析，絕非雙方的政府宣傳；再者，重要的是必須充分了解未來衝突的技術層面，因為它將會以更多樣的科技戰爭面貌出現；最後，可以考量未來潛在的相對生產力收益的前景，透過從第一階段的「遏制」，進入第二階段的「接觸」，這將有助於化解衝突。

「海峽戰爭不會發生！」

二〇二三年五月，在這個資訊繁多且容易迷失方向的世界裡，當飛機降落在桃園機場時，似乎也預告我的「資訊排毒週」即將開始。到了臺灣，顛覆了過去我在西方媒體浸濡下的種種信念，至少以我和那些重要投資人、企業家、政治高層舉行的所有會議來說是如此，這裡的氛圍令人感到非常平靜。

原以為，對談都只會出現非黑即白的二元觀點。不是中國的入侵威脅迫在眉睫，就是美國出兵拯救保護臺灣。在和大家交流的過程中，我驚訝的發現，過去我每天閱讀的訊息，無疑的對我的大腦輸入了大量錯誤資訊。

為了讓大家更容易了解情況，我就用我們法國的民族故事作比喻：

想像一下現在是一九四〇年六月，法軍慘敗，假設元帥貝當（Philippe Pétain）沒有簽下停戰協定，而是到了當時已經獨立的科西嘉島（Corsica）避難，陪同他的還有萊雅集團（L'Oréal）創辦人尤金．史威拉（Eugène Schueller）。

在將近一個世紀後，萊雅成為全球美妝界龍頭，並獲得了唯一一款防晒乳的專利，這款防晒乳可以抵抗氣候變遷下的極端溫度，同時還能讓臉部晒成漂亮的古銅色。

這使得全世界的目光都在關注科西嘉島，而巴黎威脅要拿回科西嘉島的控制權……怎麼做才能避免衝突？

出於「解決方法，就是沒有解決方法」的神聖原則，臺灣人民擅長運用模糊性，希望藉此能夠維持「現狀」越久越好。

島上令人印象最深刻的藝術，除了表現在國立故宮博物院的七十萬件藏品，也表現在臺灣面對美國和中國挑釁的最佳處理方法。在故宮博物院的展廳欣賞書法，分析書體形式前，首先要閱讀文字，這種大腦的雙重性使臺灣人民能夠從兩個不同、甚至是相互矛盾的角度去理解所有問題。

臺灣的政治領袖顯然不打算扮演「上戰場的烏克蘭人」，並朝他們的表兄弟開槍，以捍衛美國人的利益；反之，在任何情況下他們都不希望統一，因為這將會導致他們的文化滅絕，正如一九四九年在蔣介石政權治理的那樣。

有鑑於在軍事方面，臺灣軍隊現有武器不夠先進，美國支持臺灣的深刻程度備受質疑；在經濟方面，兩國之間也沒有簽訂稅收協定。

雖然中國的軍事威脅日益頻繁，但別忘了，臺灣地形特徵大都高聳陡峭，最高海拔超過三千五百公尺，形同堅不可摧的堡壘，只有從北部和西部極少數且防禦嚴密的海灘才能進入。而中國海軍最近一次作戰要追溯到一八九五年中日戰爭，而且中國戰敗！

彭博社在二〇二三年十一月發表了一篇長文，重申中國人民解放軍的五個致命弱點，而這些弱點早已在二〇一五年受到中國內部確認。它們不在於軍事裝備，因為中國的軍事預算將會在十年內翻倍，而是在於指揮技術的軟技能一直沒有改變。

這些弱點導致能力不足，概括為「五個不會」，分別是不會判斷形勢、不會理解上級意圖、不會定下作戰決心、不會擺兵布陣、不會處置突發情況。

這些相關的基本技能都是前線的勝負關鍵，特別是入侵島嶼時，海、陸、空三軍之間的協調是絕對的先決條件。再加上任何決定都必須先獲得中國共產黨代表的批准，由於他們對實戰缺乏了解，因此問題變得更嚴重。

戰爭的型態將訴諸採取混合性質並轉向經濟封鎖領域，然而這將造成所有的世界貿易即刻中斷，因為全球九〇%的超級貨櫃將被封鎖航線。但是，有鑑於臺灣的液化天然氣存量只有幾週，石油存量也僅達九十天，那麼，或許採取能源封鎖也有可能。

然而採用這類的行動估計將衝擊全球至少五%的國民生產總額，衝擊幅度近似新冠肺炎，對地球上其他國家來說無法承受。

再來就是軟實力。雖然臺灣有四分之一的人口似乎準備向美國靠攏、放棄主權，以及另外四分之一的人口願意考慮與中國簽訂像是「聯邦（Commonwealth of Nations）」類型的協議，還有一半的臺灣人似乎傾向忽略這個問題。

臺灣的民主僅三十餘年的歷史，還很年輕，而北京當局恰好利用這項弱點，試圖透過反美宣傳來改變這一半臺灣人的想法。這正是常委王滬寧積極進行的工作，他是二十多年來中國共產黨宣傳的頭號文膽。不過，他的努力至今尚未見效，因為中國和臺灣的年輕人持續反對任何戰爭。而對於上一代，戰爭帶來的危害更大，一旦獨生子女死亡，就代表斷了香火，整個家庭注定消失。

事實上，臺灣對中國大陸發動反收購更為合適。不是敵意性質，而是友好的，透過強調臺灣如何做到習近平向人民承諾的二〇四九年「中國夢」。

臺灣人均GDP達到三萬五千美元，是鄰國的三倍，象徵社會富足；臺灣全體人民「共同富裕」，即使在臺北市最高檔的地區，也不見炫富的跡象；臺灣在全球技術領先，得益於二十世紀上半葉從日本轉移過來的卓越學術遺產；臺灣領導的工業產值，仍占全國財富的三〇%，而中國大陸三〇%的GDP深陷房地產危機……。

臺灣的文明無疑是亞洲最獨特的，它融合兩種文化精隨：一九四九年中國菁英文化，以及日本人在臺灣半個世紀的文化。是否北京才更需要學習這種文化呢？

二〇二三年春天馬克宏總統從中國訪問歸來後，頭腦不清的表示關於臺灣問題，歐盟不應該成為中國和美國的「追隨者」。北京試圖在這個問題上拉攏歐洲，使歐洲疏遠美國，也被證明是徒勞無功的。

當我回到香港，一位住在瑞士的越南投資者朋友讓我更正確的看待這些事：「俄烏戰爭之所以能夠發生，是因為所有地緣政治學家直到開打的前一天都還拒絕相信；而那些提早好幾年就預告的戰爭，卻從來沒有真正發生過，例如臺灣。如果你擔心一場牽動全球的衝突風險，不如考慮沙烏地阿拉伯控制卡達的可能性。

「卡達的液化天然氣目前占全球戰略市場比重達一六%，從二〇二六至二〇二七年間開始，產量將增加六〇%，而這一切都掌握在僅僅二十五萬的當地人手中，單單一個省城。如果石油和天然氣的命運都集合在同一個國家，能源世界會變得如何？」

這場戰爭，打的是科技戰

令人崇拜的革命家雷吉斯．德布雷（Régis Debray）在與中國哲學家趙汀陽的精采書信集《從天到地》（暫譯，*Du ciel à la terre*）中，帶著懷舊的感情說：

「其實，唯一真正吻合『革命』這個詞的意義、絕無誇大之嫌的，不是政治革命，而是科技革命，唯獨科技革命不會倒退。

「發明了電，就不會重返蠟燭時代；發明了蒸汽機，便不會重返帆船時代。它們不會像十月革命後又回到東正教，長征後又回到尊孔。網際網路和貨櫃改變了世界的面貌，其影響力遠超過馬克思、列寧和毛澤東。」

習近平是否尊崇雷吉斯·德布雷的思想？作為一個完美的權力戰略家，他似乎已經明白科技所能釋放的強大力量，美國四大公司GAFA產生的打擊力就是最佳說明。這導致他在二〇二一年阻止中國B2C（企業對消費者）電子商務巨頭的發展，即使這意味著把該領域的江山拱手讓給美國霸權。

這場戰爭並非商業性質，儘管中美之間的貿易額持續增長，全年貿易總額超過七千億美元。美國集團受惠於中國市場的營業額占比仍然很高，如高通近六〇％、英特爾約二五％、特斯拉（Tesla）和蘋果近二〇％。**這場戰爭打的是科技戰**。

北京當局認為主要戰場發生在企業服務領域——B2B（企業對企業）——因為該

領域正是高科技散播之處，高科技是基礎研究的成果，所以必須嚴加控制，控制是戰時經濟的關鍵要領。

二〇二三年三月召開的全國人民代表大會闡明了中國政府在科技領域的新方針。習近平表示對中國電動車電池領導大廠寧德時代（CATL）感到「憂喜參半」。該企業掌握全球近三分之一的市占率，全年獲利五十億美元，市值高達一千五百億美元。習近平喜的是中國在未來產業中成功獲得世界領先地位；憂的是發展恐怕過於快速。他強調：「希望我們的新興產業，既要抓住機遇順勢而上，也要統籌好發展和安全的關係。對於這些產業發展，一定要妥善統籌規畫，分析風險。」

雖然在歐洲人眼中，私人企業代表著就業機會，而中國政府看到的卻是一〇〇%的潛在經濟問題。他們認為，科技業的自由競爭，毫無疑問的最終將因產能過剩，招致泡沫破裂。這種拒絕承擔風險以利控制的做法，當然也會有不良後果。

於是，習近平有了「一萬個小巨人」想法：當中國有一萬家公司掌握某一技術領域時，世界上其他國家都將依賴它們。然而這種觀念早已過時，反映出中國當今領導階層都是前數位時代那一輩的人，普遍缺乏科技文化。

這種方法是仿效戰後德國的中小企業，當時在多數工業製造過程中，精密機械是決定品質的關鍵。德國在戰後經濟重建的非凡時期，在工業領域成功建立了全球唯一軟實力，媲美美國在文化領域建立的全球唯一軟實力。

北京對此留下深刻印象，但與此同時，工業界受到了數位革命影響，已經重新配置。歐洲數位小巨人的市場利基被美國巨頭的規模效應吞沒，因為數位時代沒有邊際成本。昨日成功的祕訣，到了今日已不合時宜。

數位顛覆（digital disruption）[3]的特質是大者恆大，取得「寡占」才是贏家，而中國對政治控制的執著，將無法適應數位市場特質。

對於中國最具競爭優勢的產業，政府所採取的辦法——對龍頭企業提供國家財務支援——同樣顯露出限制性。以前，未來產業（industries d'avenir），也就是預計未來將顯著成長的產業，從政府獲得大量資金，其補助比例之高令西方人難以估計。

據中國《財新週刊》定期揭露的累計金額，半導體業總共約獲得兩千五百億美元，風力發電及太陽能工業約兩千五百億美元，生物科技業約兩千兩百億美元，以及電動車產業約一千兩百億美元。

然而，值得注意的是，這類財務支援往往有害，因為中國政府通常以貸款的形式提供，而接受大量貸款的企業將來很可能無力償還，這讓政府得以間接控制該企業。在現今的戰時經濟中，這些相當於以前大砲和步槍。

中國所謂的福利國家是為企業謀福利，不像歐洲的福利國家是為人民謀福利，但是，中國的債務已經累積到了天花板，逼近GDP的三〇〇%。

汽車產業可能會成為下一個例子。BMW、戴姆勒（Daimler）和福斯（Volkswagen）這三家德國主要車廠，在初期先把競爭舞臺留給中國的競爭對手發揮。他們判斷，在尚未充分掌握電池的自主性之前，寧可推遲電動車的開發。

他們謹記太陽能業界前輩的教訓，因為在二〇一〇年代德國太陽能企業被削價競爭的中國企業趕盡殺絕，原因就是這些中國企業的虧損，可以得到中國政府的補貼。

如今德國汽車業的三劍客宣布，未來五年將投資高達四千億歐元於研發和生產，正是提醒中國，他們大多數電動汽車新廠（如小鵬、蔚來和理想汽車）財務實力薄弱。

---

3 指由新興數位技術、創新商業模式或社會行為引發的劇變，能改變傳統行業和社會結構。

由於受到國家的扶持，中國的電動汽車開始產能過剩，使車廠面臨巨大市場壓力：花旗集團（Citigroup）專家預計，到二〇二三年電動車產能利用率只有三三%，將由五十多家本土競爭者瓜分，且其中只有極少數能夠生存下來。

為了向他們證明萊茵河畔的資本主義仍能跑馬拉松，福斯汽車集團已將其向金融界承諾的營業利益率目標推遲到二〇三〇年。同時在中國社群網路上，繼「清零」、「小熊維尼」之後，「產能過剩」一詞成了二〇二三年政府審查的頭號目標。

中國的儲戶預測，在歷經房地產泡沫破裂後，他們將再次成為未來資產減值的主要受害者，而這一次將和所謂「未來」產業的產能過剩有關。

誰掌握人工智慧，誰就掌握世界

未來十年，人工智慧將是中美兩個超級大國決勝負的主戰場。在場外觀戰的普丁說道：「誰掌握人工智慧，誰就掌握世界。」

旅居美國的法國科學家楊立昆（Yann LeCun）用簡單的數字說明人工智慧的突破程度：要獲得與 ChatGPT 相當的豐富知識，人類必須持續兩萬兩千年，每天閱讀八小時才可能與之匹敵。

二〇一〇年代似乎開始了對中國有利的局勢。曾任職於 Google 的科技投資人李開復在其著作《AI新世界》（*AI Super-powers*）中提出看法。他闡明人工智慧將是中國取代美國科技霸主地位的機會，因為中國擁有不可否認的優勢。

首先，中國人口眾多，這使得中國比競爭對手擁有更廣大的數據來源；其次，中國的法規比西方更靈活；最後，中國掌握非結構化（unstructured）的相關性（correlation），這是人工智慧變革的最大附加價值來源。

舉例來說，我們可以從了解手機用戶一天中電池電量的最低百分比，去評估該用戶的規避風險程度，進而預測其償還消費貸款的傾向。中國在取得數據的成本上，將會遠低於美國。二〇一〇年代初期，由於在量子計算等方面展現優越能力，中國更加確信自己的技術優勢，如今其計算能力被認為與美國幾乎不相上下。

二〇二二年十一月底，OpenAI 宣布推出ChatGPT，這項消息宛如為中國的過度自信敲響喪鐘。雖然此後百度一直試圖反擊美國的突破但成效不彰，其實，中國生態系統出現的四個弱點可能會讓山姆大叔繼續保有技術優勢。

首先，西方資料庫在數量和品質方面皆占優勢，因為全球有五六%的網站是以英文編寫，而僅一・五%用中文編寫。而且，中國絕大多數的個人資料都保存在無法任意讀取的「祕密花園」。接著，中國的法規，尤其是二〇二三年推出的數據安全法，使得所有新計畫考慮到普遍存在的法律不確定性，只好踩煞車。

還有更重要的一點，中國的人工智慧仍舊依賴美國高科技硬體，例如美國輝達的高性能處理器，估計中國一半的大型語言模型都需要它。

金融市場意識到，這些新型處理器在運算能力的高速突破，將帶來真正的革命，二〇二三年春季，輝達公司的市值在短短幾個交易日內翻倍，從五千億美元增至一兆美元，這是股票市場歷史上前所未見的。

最後，關於人力方面，北京的政策削減了季辛吉形容為美國給予中國的最大禮物：美國大學的菁英培養。

在兩國交流高峰期，即二〇一九至二〇二〇學年，總計有三十七萬七千位中國學生在美國留學；二〇二二至二〇二三學年，受到印度學生激增的影響，中國學生降至二十九萬人，而目前有二十六萬中國學生在美國。

根據詹姆斯敦基金會（Jamestown Foundation）的統計數據，這些留學生主要來自清華和北大這兩所北京最負盛名的大學，然而在二〇一九年至二〇二一年期間，學生出國的比例從一五％降至七％，減少了一半。此外，一旦在美國畢業，他們更傾向延長在美國的居留時間。在此期間，僅兩百名到三百名美國學生前往中國學習。

儘管大學交流減少，這種不平衡仍然繼續使中國在未來具有結構性優勢：中國的菁英階層認識並掌握了競爭對手的文化元素，而美國的未來領導階層對中國的思考模式大都一無所知。

美國仍然吸引世界上最優秀人才，有三分之二的人工智慧專家來自國外。像哈佛大學文理研究院（Kenneth C. Griffin GSAS）的數據科學碩士班就是一例，在二〇二三學年僅三〇％學生是美國人，五〇％是亞洲人，而其中三〇％是中國人；反觀，中國政府卻竭力阻止本國大學的國際交流。

影響中國未來人工智慧發明的最後一個障礙，是融資方式。

據《經濟學人》報導，二〇二二年中國民間資本僅達一百三十五億美元，相對於美國民間資本將近五百億美元，如果習近平政府繼續堅持以國家為主導，雙方民間資本的差距在短期內不太可能縮小。

難道應該就此篤定的提前宣布山姆大叔獲勝嗎？難道沒有一種情況，是雙方陣營都獲勝，而且很可能是以犧牲歐洲為代價？難道交戰雙方其實並不是各自在追求不同的目標？

二十大後的中國政府，首先尋求的是加強控制，儘管這會導致經濟成長放緩。佐以新馬克思列寧主義調味醬的生成式人工智慧，被視為控制民眾大腦輸出的理想手段，完美的補充透過社群網路審查建立的輸入控制。

投資奇才彼得・提爾（Peter Thiel）宣稱：「人工智慧本質上是共產主義。」人工智慧聊天機器人「文心一言」和百度集團，很可能會被要求追隨中國在臉部和語音識別領域的技術進展，而這些正是商湯科技和曠視科技等「國家級AI冠軍」於二〇一〇年代在人工智慧應用領域早期工作的首要任務。

反之，美國在新的七巨頭（Magnificent 7）[4]——微軟（Microsoft）、字母控股

（Alphabet）、亞馬遜（Amazon）、Meta、輝達、特斯拉和蘋果的領導下，首先將研究如何透過生成式ＡＩ，達成類似一九七〇年代電腦出現時實現的生產力提高。

所期望的優勢可能是具有決定性：大家已經看到，投資銀行高盛估計，到二〇三〇年，生產力可能會提高七個百分點，也就是每年提高一%。

麻省理工學院（ＭＩＴ）研究員艾瑞克·布林約夫森（Erik Brynjolfsson）曾在二〇二一年嘗試量化網際網路產生的生產力收益。他向一群人提問，如果要他們放棄免費線上服務，需要付他們多少錢，答案的中位數是每年三萬兩千美元。據這位學者估算，這相當於二十年的國內生產總額的二%。

未來五年，還必須成功將思考能力、常識和情商等控制幻覺所需的能力，植入目前的大型語言模型內。這項挑戰很艱難，它涉及將我們每天使用的所有服務加以個人化，但又必須以大量生產的成本來提供這些服務。

這一雄心壯志，在美妝龍頭萊雅集團為自己設立的革命性的新任務中得到了體現，

---

4 名字取自一九六〇年美國西部片《豪勇七蛟龍》（*The Magnificent Seven*）。

也就是從「為所有人帶來美麗」到「為每個人帶來美麗」（轉向個人化）。

美國這種生產力增長，讓人想起一九八〇年代拜資訊革命之賜，使美國得以超越歐洲。我們可以從這裡分析經濟問題如何轉化為地緣政治優勢。

波士頓諮詢公司（Boston Consulting Group）的專家指出，一般來說，關於新技術，分出勝負的關鍵並不在於該地區的內在優勢，而是採用新技術的速度。速度的快慢歷來取決於當地勞動市場的緊張狀況。

對公司而言，採用挑戰員工習慣的全新技術，從來不是一件令人愉快的事；只有在薪資大幅上漲的情況下，管理階層才會有動力執行，這使得尋求生產力提高成為必要。

目前美國面臨的情況正是如此。在美國，人口壓力持續促使薪資上漲，而一年內離開勞動市場的人數，比進入勞動市場的人數還多一百九十萬人。在此期間，中國已停止公布年輕畢業生的失業率，官方宣稱將近二〇%，但實際上可能更接近五〇%。

益智問題：兩個超級大國中，哪一個更有動力利用ＡＩ改革低附加價值的服務？

當「遏制」交棒給「接觸」

常聽到「歷史不會重演」，但這場新的「冷戰二・〇」敦促我們重新研究第一次冷戰的演變過程。在第一次冷戰中，看到美國有條不紊的戰勝蘇聯，從一九五八年到一九八九年歷經三十年，美國採取的策略最終證明為致勝戰略。儘管至今相隔六十多年，其中的相似之處卻很顯著。

一九五八年，美國發現蘇聯有能力將人造衛星送入太空，震驚不已；二〇一七年，川普得知中國將實施《中國製造二〇二五》政策，其目標是成為十大未來產業的世界領導者。

一九六〇年代，美國在甘迺迪的《新邊疆》（New Frontier）政策推動下，開始在航太領域奮起直追。最後，在一九六九年時目標達成，尼爾・阿姆斯壯（Neil Armstrong）成為第一個登陸月球的人。

二〇二三年，拜登政府注意到過去二十年來美國對工業投資不足。他發起《降低通貨膨脹法案》，其內容明顯違反WTO原則，不過該組織也已經「腦死」好幾年了。《降低通貨膨脹法案》包括一系列的稅務減免，最初計畫支出三千七百五十億美元，後來大家都看到了，預計將接近一兆美元！

這簡直是天文數字，比二〇〇八年金融危機最嚴峻時，美國財政部提撥七千億美元的「問題資產紓困計畫（TARP）」還要多。當時的財政部長亨利．鮑爾森（Henry M. Paulson）還稱其為「巴祖卡火箭筒（bazooka）」，因為這輩子再也見不到了！

一九七二年，尼克森正在決定是否撤離越南。機會主義者季辛吉建議將這份歷史性的恥辱，轉化為與中國拉近關係的契機，使中國與其所謂的共產主義夥伴蘇聯拉開距離；二〇二二年，普丁與習近平宣稱兩國友誼「無限」，當時他認為，西方國家已經衰落到再也無法對俄羅斯吞併烏克蘭的行動做出反應。

一九七五年同樣是個轉捩點。季辛吉成功說服美國鷹派（主張採取戰爭手段的人），相信蘇聯的治理正走向破壞軌道，其經濟衰退是必然的，瓦解只是時間點的問題。而當時正是從「遏制」轉向「接觸」的時機，在赫爾辛基（Helsinki）舉行的歐洲安全與合作會議將會落實這項做法。剩下的就是讓時間發揮作用，直到柏林圍牆倒下。

後來，由於一九八〇年至一九八九年期間蘇聯深陷阿富汗戰爭泥淖，等待變得更加容易。彷彿越戰一般，阿富汗成了蘇聯的越南，徹底拖垮蘇聯，也強化了美國在整個一九八〇年代相信自己最終必勝的信念。

二〇二二年十月七日，美國宣布禁止高科技產品出口到中國，加速引爆美國的「遏制」戰略。專家們預期，人工智慧服務可望在五年左右大幅提升生產力收益，如同一九七五年發明的個人電腦，到了一九八〇年才開始蓬勃發展。

除非人工智慧的技術採用週期速度驚人，否則在山姆大叔確信中國的國民生產毛額永遠追不上美國之前，還是得為中美關係未來幾年的緊張局勢做好準備。

美國人日益增長的信念主要來自兩方面。首先，中國人口中勞動力最活躍的年齡層，即二十五歲至四十五歲的人口下降非常迅速。

巴克萊銀行（Barclays）分析師預測，到了二〇三五年，該年齡層人口數將回到三・三億，即與一九九〇年相同水準，而最高峰是在二〇一五年的四・六億人，這群人推動了此前二十五年的非凡成長。

勞動人口數量下降，若再加上教育品質下降，那是雪上加霜。

二〇二一年七月，中國禁止私立線上教育，取而代之的是強制學習「習近平思想」，這只會讓美國對未來更具信心。另一方面，中國全年生產力成長率已經放緩，從二〇〇〇年代平均增加三%，到二〇一〇年代僅增加一%。

由於上述兩個理由，中國經濟成長年增率將會限制在僅一%至三%之間，並不足以威脅美國的霸權地位。

嚴守謹慎和謙卑，是預測中國未來必須保持的態度，要隨時提防中國政府可能突然一百八十度轉變，二〇二二年十二月突然放棄「清零」政策即是見證。

樂觀主義者會說，這與第一次冷戰不同，要迴避修昔底德陷阱並不代表要藉由現有強國的崩潰瓦解，就像當時蘇聯的情況。美國在這場爭鬥中，必須小心的限縮中國的發展，而非完全遏制。

《晶片法案》無疑是最好的證明，其首要目的是維持美國本國企業對半導體產業的技術控制，禁止先進晶片出口到中國，第一階段的先進晶片定義為小於五奈米的晶片，同時保留未來改變定義的可能性。

然而，在此情況下，中國仍可以自由的投入成熟製程領域，大規模擴充產能，建立世界領導地位，例如二十八奈米成熟製程，可應用於快速成長的汽車產業。

二〇二三年底中國企業「中芯國際」表示，該公司於二〇二四年將實施高達七十五億美元，即相當於其營業額的龐大投資計畫，希望在三到五年內產能翻倍。美國已將車用半導體市場列為中國優先發展的目標，目前車用半導體市場由英飛凌（Infineon）、意法半導體和恩智浦（NXP）等歐洲企業主導。

美國的願景很明確：高科技由美國控制，中低階科技市場由中國經營，犧牲的是已經走出歷史的歐洲。在高科技領域實施的遏制戰略，對美國有兩方面的風險：一方面，它促使中國在研發方面加倍努力，以求進軍高階市場；另一方面，它必須面對美國大廠的短期商業利益，這些大廠始終渴望將亞洲的銷售量提升至最大。

美國商務部長吉娜・雷蒙多（Gina Raimondo）早已料想到這點，她向美國科技大老伸出橄欖枝，請求他們協助制定安全政策，盡可能減少對他們的營業額造成損失。「接觸」期比「遏制」期需要更細膩的技巧。美國將非常有興趣盡其可能的延長它，目的是限制中國的成長，而不是尋求其崩潰瓦解。

在二〇一〇年代期間，華盛頓已看出自己的弱點。極具創業精神的中國私營產業，在騰訊、網易和百度等集團領導的帶領下，許多新的數位概念超越了美國的競爭對手。當時，他們得到地方當局的支持，更像是西方私募基金的經理人。

二〇二三年三月，前述三個集團的老闆被排除在中共全國政協代表的名單之外。山姆大叔必須牢記，中國的相對停滯期只是一個窗口，在未來某個時間點，它終將通向一個新的「繼毛澤東之後的鄧小平」到來。而這個時間點越晚到來，越有利於美國。

這種修昔底德陷阱的新變化型式，其解決方法也將採全新型式：既有的統治強權企圖限制新崛起強權的相對進步。既有強權的目標不在於使其突然崩潰，而是致力於隨著時間推移，逐漸耗弱競爭對手，然而期間仍提供它充實富裕的可能性——以犧牲歷史上的第三個「強權」，即歐洲為代價。

歐洲是當今最完美的受害者，因為它年老、富有又心甘情願。

我們已經看到這場地緣政治對峙的命運，是如何從經濟領域來決定其未來結局。現在要分析地緣政治的崛起勢力，如何反過來影響經濟領域。

04 混亂能力

近三十年來，核心能力在管理領域受到矚目與重視。這個概念從英國的企管顧問公司傳遍全球：每個人都必須專注在與自身核心競爭力相對應的任務。井然有序的世界，循著注定的命運，走向僵化的各自孤立。「混亂星球」的出現打破了這個既定概念。新的績效標準，戰時經濟的成果，宰制著商業世界，徹底創新的組織模式正在自我重塑。

戰爭迫使人類改變行為模式。一旦戰時經濟取代和平經濟，對經濟主體也會產生莫大影響，而既有的評估標準將被打亂。若從國家的層面著眼，就很容易理解這一點。

依賴程度，新的績效標準

在和平時期，衡量一個國家的成功與否，最簡單的標準就是人均國民生產毛額，也就是假設一國的財富總值由全國人口平均分配，所計算出來的財富均值，而在戰爭時期，標準會改變。

國民生產毛額不到世界財富二%的俄羅斯，卻擁有五個關鍵元素：石油、天然氣、核能、武器和小麥，這些都是西方領導人在過去和平時期所忽略的。

烏克蘭總統澤倫斯基（Volodymyr Zelenskyy）每天早上投入戰鬥時，不會問今晚能達到多少國民生產毛額。正如美國前司法部長羅伯特．甘迺迪（Robert Kennedy）曾說過的：「GDP衡量一切，除了那些讓生命更有價值的東西。」

他唯一關心的，是如何將俄羅斯軍隊趕出他認為被入侵的地區，並且重新恢復國家主權。衡量這場鬥爭最終結果的關鍵標準，在於他的國家對世界其他國家的依賴程度，與世界其他國家對其依賴程度做比較。

從總體經濟的角度來看，這就是貿易平衡和經常收支平衡的概念。當一個國家的貿易順差越大，就越能掌控自己的命運，也更有機會贏得戰鬥；反之，逆差越多，越難以掌控自己的局勢，其地位就越顯脆弱。

每個國家可能有不同的績效評估方法，中國最近的發展正可以提供最佳說明。在今天，西方媒體所看到的和平經濟中，中國正經歷令人擔憂的成長放緩。

根據中國官方統計，其國民生產毛額在二〇二二年成長三%，而同樣的在二〇二三年，官方統計公布了年增五%的可觀增幅。然而，一旦將人民幣貶值近一〇%的因素計入，以美元表示的中國國民生產毛額在過去兩年實際上只能算是維持穩定，反映出並無任何價值創造。

由於民間投資的私營企業，兩年來處於停滯。根據招聘網站智聯招聘的數據顯示，中國應屆大學畢業生的失業率已升至近五〇%。

外國觀察家受限於資訊不透明，合理推論中國經濟的成長潛力似乎有限，年增率約在一%至三%之間。換句話說，表現遠低於新冠疫情爆發前的年增率一〇%，也遠低於官方設定要達成的年增四%至五%目標。設立此目標是因為必須達成，才能超越美國國民生產毛額。

同樣的戰時經濟分析卻得出相反的結論。有可能中國政府提出的結論，是為了說服中共黨代會相信目前政策的功績。

在二〇二二年和二〇二三年，中國創下了八千億美元至九千億美元的貿易順差新紀錄，相當於國民生產毛額近六％，其中四千億美元是以美國和歐洲作為代價。

這樣顯著的表現，一方面是由於封城，導致國內需求縮減，以及因為中國家庭儲蓄約有七〇％，都存放在持續惡化的房地產業，導致貧窮化效應的結果；另一方面由於出口強勁成長，目前生產設備都集中在出口方面。

舉例來說，環境轉型產業當中的三個產業——太陽能和風力發電設備、電池和電動汽車——其出口額在二〇二三年已達到一千三百億美元。等到歐洲和美國終於決定真正的處理氣候變遷威脅，這些產業勢必進一步擴大中國的貿易順差。

在和平經濟的環境，習近平即將要在著名的中等收入陷阱中，與他來自金磚五國俱樂部的朋友們會合。

人均GDP為一萬兩千美元的中國，面臨著產業需要大幅升級，或者發展高附加價值服務的挑戰。這項挑戰是俄羅斯、巴西和南非從未戰勝過的，這些國家的人均始終停留在一萬美元左右。

在戰時經濟的環境，習近平將國家置於戰鬥狀態。當二〇二二年春季上海封城，在「新冠清零」政策的框架下，習近平向人民傳達了這項信息：「未來無法再確保每天的糧食。美國的壓迫迫使工業推廣自給自足的觀念，以必要的犧牲為代價，使中國在這場戰鬥中取得最終的勝利。」概括的說，中國在和平經濟中失利，在戰時經濟中得勝。

營業槓桿過高的危機

我們剛才從國家層面上提及的新績效標準，縮小到公司層面也同樣適用。這些新績效標準帶領管理階層重新思考公司的經營方法、職能組織、生產組織，以及與供應商的關係，金融世界從不畏懼矛盾。雖然瑞士信貸（Credit Suisse）已經不復存在了，其專家卻為我們提供了有關新冠危機後果的最佳分析報告。

投資策略專家佐爾坦・波札爾（Zoltan Pozsar），在他二〇二二年發表的〈戰爭與產業政策〉（*War and Industrial Policy*）報告中，分析事件發生的背景並得出結論：

「二〇〇八年是由於十年來過高的財務槓桿[5]所引發的危機，導致美國次貸泡沫爆破；而二〇二二年這次是過高的營業槓桿[6]，導因於這十年來，把所有認為太費力不討好的工作全部外包出去，或是分包給以較低價格供貨的市場。

「我們接受了放棄對營運的控制，甚至是關鍵營運，那些外包廠商經常是遠在地球的另一端，更僅僅憑藉陌生人士提供的簡單推薦，就輕率的給予評價。」

諷刺的是，正是因為風險控制失當，瑞士信貸在上述報告發表的隔年，被同業瑞銀集團（UBS Group AG）緊急救援。確實，可憐的瑞士信貸在此之前曾經請求沙烏地國家銀行（Saudi National Bank）注入資金，以利再次進行已實施過無數次的資本重整，但結果不盡如人意。

幾個月後，沙烏地國家銀行董事長被問及是否願意參與新的資本重整，他回答：

「絕對不會！」更加速了市場上撤回瑞士信貸資金的慘況。這個案例貼切的提醒了我們，懂得慎選股東至關重要！「經濟問題從屬於政治問題」是二〇一〇年代流傳的口號，換言之，做出正確的政治決策，經濟問題自然得到解決。

然而，當時投資人在投資數位產業的新興公司時，最看重的是該公司能否在最短時間內爭取到最多的客戶，即使這會促使財會主管玩弄會計準則，以便在損益表中盡早確認未來收入，並隱藏部分成本，尤其是利用廣泛操作股票期權……。

回歸生產

有位投資人告訴我，若一家公司的執行委員會中沒有負責生產、供應鏈和資訊的人

5 指利用外部資金（通常是借款）來放大投資回報的策略，同時也會增加風險。

6 指公司固定成本對營收增減的反應程度。若公司有較高的固定成本，銷售增長時利潤會顯著增加，下降時也會大幅減少，這就是高營業槓桿的特徵。

員，他就不會再考慮這家公司。

這指出走向戰時經濟的期間，價值將從需求轉移到生產。近年來不受重視的垂直整合，正強勢回歸。這股趨勢影響到所有產業，甚至包括那些大家以為不會受到波及的產業，比如奢侈品。

所有媒體和金融分析師都不斷強調需求方面的重大轉變：千禧世代（Millennials，即一九八一年到一九九六年間出生的人）和Z世代（Generation Z，即一九九七年到二〇一二年間出生的人）的年輕消費族群崛起、透過直播或即時視訊等新技術的銷售呈爆炸性成長，甚至環保意識的抬頭。

許多專家一致認為，一旦營業額達一百億美元，銷售就會下滑，因為這顯示該品牌變得隨處可見，將威脅品牌稀缺性。然而，這些都無法解釋近期業界最大的驚喜：路易威登（Louis Vuitton）在短短四年內銷售額大幅翻倍，超過兩百億歐元！

這項銷售成功源自於董事長麥克爾．柏克（Michael Burke）的構想，平時難得接受採訪的他在《回聲報》中解釋了如何協調「提高營業額」與「品牌的稀缺效應」，這個完全矛盾的問題。

他的回答是：增加更多的限量系列，並搭配當紅明星代言。根據一些分析師估計，限量系列占了該品牌業務的四〇％至五〇％。然而要做到這一點，先決條件是他在二〇一〇年代的十年間即重新思考生產機器，並試圖將其靈活性發揮到最大。

如此一來，即使是小型系列也可以在有效控制成本的情況下生產，遇到需求激增時，也能夠迅速擴充產能。正是得益於這種革命性的生產方式，而非新的銷售技巧，路易威登穩居業界的領導地位。

摩根士丹利投資銀行的奢侈品產業專家於二〇二二年發表的研究報告中，估算各大品牌垂直整合程度的差異，其中愛馬仕的整合度高達七三％，而目前在新週期中面臨較大困境的品牌，如古馳（Gucci）和巴寶莉（Burberry），則分別為一七％和一二％。

即使在市場行銷的最終領域，決定性的驚人競爭優勢也是來自於最佳的生產控制。保時捷９１１（Porsche 911）的傑出首席設計師阿納托勒．拉平（Anatole Lapine）在他那個年代就已經想到這點了，他對他的設計團隊說：「如果行銷人員提供你一些想法，別理會；但如果工程師來告訴你他們喜歡的樣子，你就重新開始。」

「集中領域」的危險

三十年來的通貨緊縮迫使人們養成了某些習性。例如，在每年預算年度開始時要求降低成本，以抵銷預期的營業額壓力。結果往往是供應商集中，以增加數量來談判商業折扣。這種做法在和平經濟時期沒有問題，但在戰時經濟，其危險性顯而易見。

在亞洲的鴻海集團就是一例，它是 iPhone 的臺灣代工廠，以極具侵略性的商業操作聞名。業界專家估計，鴻海約有三分之一的營收來自被它砍殺的供應商，鴻海先是外包給供應商大量的訂單，然後突然切斷訂單，造成供應商流動資金出現危機。而亞洲地區的付款期限可能長達九個月，若突然切斷訂單，會使供應商既減少收入，又無法立即獲得應收的款項，尤其致命。

戰時經濟中，集中陣營往往大量充斥，使得簽訂任何獨家條款變得危險，給人致命之吻的痛苦感覺。

這種威脅如果遇到工廠採用零庫存的「及時生產」製造模式，其傷害性更大。當單一零件的缺貨危及整個生產鏈時，複雜的價值鏈脆弱性就暴露無遺了。

例如，在二〇二〇年汽車工業猛然發現對半導體業的依賴。該年三月，所有汽車製造業因為新冠疫情大爆發而感到恐慌，紛紛援引條款取消了車用晶片訂單。

未料，幾個月後，由於西方各國央行推出龐大的流動資金計畫，汽車需求突然回溫，於是車廠請求恢復晶片合約。但此時，半導體廠商已經將生產排程排給其他客戶，只能請車廠耐心等待，結果這一等就等了近三年，才恢復正常的交貨節奏。

當時在美國，富豪級的新車平均成本價格飆升至五萬美元。不過，「國民車」的汽車製造商福斯宣布策略重新定位，未來將著重於價值，而非產量。

總結第三章，我們注意到地緣政治與經濟之間的強迫結合，將如何經過不同的階段，才能充分發揮生產力。

這好比聯姻，雙方本來財產各自分開，在第一時間，聯姻僅發展成一種財產共有的共同體，後來雙方學會了確認自己從融合雙方不同領域所獲得的好處。只有到了第二階段，兩者融合而成的共同體，才可能顯現出所有好處。

然而，這樣的大躍進，需要企業界針對上一週期的管理實務提出質疑，並重新評估。混亂能力當然不容易習得。

最重要的是，培養應對混亂的能力，不應僅限於組織內少數高層，而是每個人的事。它要求重新思考上一個週期的許多流行觀念；其中，第一個需要重新思考的還是過去ESG——「環境保護、社會責任以及公司治理」企業評估標準。

第四章

ESG定義得改寫：能源、安全、戰爭

ESG是規範經濟行為的標準，而它的本質正在改變。

在二〇一〇年代，ESG倡議的是「環境保護、社會責任、公司治理」三大面向，如今已被大家更注重的新定義——「能源、安全、戰爭」取代。

全球最大資產管理公司貝萊德（BlackRock）率先做出徹底改變，該集團董事長勞倫斯·芬克（Larry Fink）一向追求最新的行銷概念以促進資金募集。

雖然在更早之前，他曾在致企業總裁的年度信函（Letter to CEOs）中，鄭重呼籲關注「環境保護、社會責任、公司治理」。但到了二〇二三年，在股東大會上其他股東提出「環境保護、社會責任、公司治理」的相關決議案中，僅獲得一五%支持。

儘管承認錯誤的時機有點晚，這仍標誌著時代變遷的軌跡。「環境保護、社會責任、公司治理」原本是值得稱讚的概念，後來卻引起廣大質疑，實際上它是由一群貪婪人士從一開始就精心策劃、傳播虛假的道德建言，通常來自盎格魯撒克遜文化。

第一個受害者是資產管理業：在客戶的短期預期和演算法交易（Algorithmic trading）興起的雙重壓力下，資產管理業不得不犧牲績效目標，以便迎合ESG意向的浪潮，首先就是要掩飾收益減少。

法國ＢＤＬ資產管理公司ＥＳＧ部門總監洛朗．肖德若（Laurent Chaudeurge）是該領域的權威之一，他在《回聲報》的論壇上公開抨擊：「ＥＳＧ基金平均而言，在二〇二三年或過去三年內皆無獲利。這些挫折清楚說明，教條性多過於實用性、理論性多過於實踐性的思想系統有其不足之處。」

接下來在這一章，我們先看看這些繼承了十年前的過時組織的公司，要如何進入新週期。並且，我們將探討如何採用新的ＥＳＧ，以幫助他們準備適應未來環境；同時將能源問題重新置於環境戰略核心；利用管控的概念，在混亂的宇宙中重新引入安全的維度；最後，整合戰爭管理，以利對抗一個不再充裕，而是匱乏的世界。

01 動盪中的企業

二〇二二年的重大轉變，必會對商業界造成損害。對於企業高層而言，這意味著過去在「幸福全球化」和通貨緊縮導致的低利率環境中，所建立的大部分管理原則，都需要重新檢討。資產負債表的平衡將會改變、定價政策必須重新考量、供應鏈必須重組，而國家對經濟的干預將普遍存在。

過去三十年來，企業財務長與投資銀行家見面討論資產負債表政策時，特別喜歡聽到兩個充滿魔力的詞彙：無廠與零庫存。

「無廠」是繞過製造過程的一種策略，透過將一般被視為低附加價值又資本密集的製造過程外包出去，並專注於高附加價值的設計與研發。當二〇〇〇年代，數位產業發展確立了「去實體化」（dematerialization）原則後，無廠概念便順勢而起。

隨著中國於二〇〇一年加入ＷＴＯ，使得製造業能夠被外包到工資更低廉的地區後，更助長了無廠的發展。最具代表性的例子，是蘋果公司與臺灣供應商鴻海之間的合作關係。鴻海雖然包下組裝的部分，但它的組裝收入僅占約七%的手機附加價值。

然而，現在這種模式已成為過去式。

在戰時經濟中，最大的價值來源，反而是那些保有生產設備控制權的人。而且如果所屬產業正是在上一個時期長期投資不足的產業，那又更加幸運了。

能源服務產業正是如此，特別是受到過去ＥＳＧ理念抑制的石油和天然氣產業。該產業的投資水位在二〇一三年達到峰值後，就在十年間下降至一半，絕大多數的資金都轉而集中在沒有獲利的再生能源生產，例如太陽能和風力發電。

美國的施蘭卜吉（Schlumberger）和歐洲的德希尼普能源（Technip Energies）等能源集團指出，自俄烏戰爭以來，能源產業正開啟新的超級週期。鑑於對石油和天然氣的需求擴張，專家將持續開發新的油田和液化天然氣田，並執行所謂「清潔」能源的新能源大型計畫，無論是綠氫（green hydrogen）[1]或碳捕捉、利用及封存（Carbon

Capture Utilisation and Storage，簡稱ＣＣＵＳ）[2]。

另一方面，戰爭時期的殘酷打擊，也可能使其他資產的價值崩跌。

像是過去以歷史沿革的信任為基礎，依靠彼此專屬關係維繫的資產。一旦這種信任不復存在，就會陷入危機，最顯著的例子就是北溪二號天然氣管道。儘管當初耗資高達一百億歐元建造，但現在已一文不值。像這樣的管道，只有單一買方和單一賣方，雙方的專屬關係並無法經受戰爭時期的挑戰。

這也說明了為何從俄羅斯氣田連接到中國的「西伯利亞力量二號」（Power of Siberia 2）天然氣管道計畫會停滯，且幾乎沒有機會見到曙光，即使普丁方面宣布了安定人心的消息也於事無補。雖然中國已從俄羅斯進口二〇%的天然氣，而中國最不希望的就是重蹈德國覆轍，也因此不打算將進口比例加倍提高。

這證明中俄友誼還是有限的——當涉及九百億美元的建設成本時。

水壩可說是近幾十年來，每個基礎建設投資基金都夢想的資產。它能以最低成本生產最乾淨的能源，而且只要氣候變遷對降雨量的影響有限，就可以確保它是名副其實的提款機。然而在目前的情況下，如果它很不幸的鄰近核電廠的冷卻水供應來源，價值幾乎為零。

俄烏戰爭充分顯示出，儘管國際上不允許以核電廠作為攻擊目標，但摧毀鄰近的水壩便可以達到一樣的效果……並同時保持「地緣政治正確」。未來，保險公司將拒絕承擔某些特殊情況的風險，例如二〇二三年自然災害的再保險保費上漲了三七％，正說明了這一點。在二〇二二年，自然災害造成保險業損失一千一百五十億美元。

更廣泛來說，香港科技大學的專家估計，到二〇三〇年，氣候變遷的未來成本將達一兆美元，據稱，其中三分之一沒有投保。舉例來說，他們指出在二〇二一年美國有六〇％的太陽能板安裝在颶風多發地區。

相反的，之前相對被忽視的某些資產，在戰時經濟中突然獲得了全新的戰略地位，像是海底通訊電纜便是一例。

1 以水為原料，透過風力發電、太陽能等再生能源，把水電解成氧氣與氫氣，是真正的零碳排氫能。價格昂貴、產量低。

2 透過捕捉二氧化碳並將其轉化為其他產品（或封存）來回收碳排放的關鍵技術，目前尚需克服成本高、耗能及額外增加碳排放等問題。

法國曾經擁有世界級的通訊領導廠商阿爾卡特（Alcatel）集團，後來被芬蘭的諾基亞（Nokia）收購，當時並沒有引起任何政治主權之爭。二〇二三年二月，臺灣與全球電信網路連結的十四條海底通訊電纜，在一週以內，接連意外的被中國「漁船」拖斷，損壞了兩條。這些電纜在過去所傳達的訊息從未如此引人注目，但現在它們已成為數據控制的重要挑戰之一。

另一方面，近幾年開採石油和天然氣的海底有了新氣象——碳封存後的掩埋一直受到當地居民反對，成了令人頭痛的問題，如果能在安全的條件下進行海底掩埋，可望成為保護地球的未來解決方案。

此外，「戰略庫存」（strategic stock）將獲得重視。在和平時期，因為充裕的貨物供給在過去被視為理所當然，因此「零庫存」才是王道。

及時化生產技術只建立在供應商能夠在二十四小時內保證出貨的基礎上，但是自新冠疫情爆發以來，供應鏈便徹底改變了，而戰略庫存可以幫助企業維持供應鏈穩定。

二〇二二年物流的混亂失序，引發航運價格飆升，讓原本在二〇〇八年接近破產的達飛海運集團（CMA CGM）有機會和道達爾能源集團，競爭法國企業獲利王的寶座。

當年，達飛集團利潤達兩百三十億歐元，幾乎是奢侈品集團路易．威登的兩倍！

在衝突時期，庫存管理是戰爭的關鍵。在上一個週期的戰爭中，軍備凸顯了我們的盲目，它採用了和平時期管理模式，例如，禁止儲備砲彈，因為砲彈的儲存對平民百姓來說太危險了；另外，生產方面，也是按照需求限量生產。

普丁在預期戰鬥發生後，能夠在短短一天內向烏克蘭發射多達五萬枚砲彈，這相當於法國最大武器製造商奈克斯特（Nexter）的年產量。至於烏克蘭軍隊，每天最多只能發射五千枚砲彈。

同樣值得注意的例子還有中國，他是世界上唯一擁有十八個月糧食庫存儲備的國家。由此可知，中國已為戰時經濟做好充分準備。

庫存的戰略重要性也表現在平民生活中，而香精和香料製造產業成了討論焦點。傳統上，全球有四家香料大廠，其中兩家來自瑞士。這四家分別是美國的國際香精香料公司（International Flavors & Fragrances，簡稱ＩＦＦ）、德國的德之馨（Symrise）、瑞士的奇華頓（Givaudan）和芬美意（Firmenich），合計全球市占率達六〇％到七〇％，確保了豐厚的利潤。

二〇二一年因新冠疫情導致原料短缺後，這些大廠決定在二〇二二年乾涸市場。於是，拿不到貨的小廠商便向在布魯塞爾的歐盟執委會（European Commission）投訴這四大香料廠的壟斷行為。

不知道布魯塞爾的法官將以哪個時代作為審判基礎？會以和平經濟時代的標準，根據歐洲判例法[3]對這「四個邪惡共犯」處以妨礙自由競爭的重罰嗎？還是會恭喜他們在戰時經濟中的危機戰略管理？

附加價值取代成本，影響定價

與一九八九年週期結束有關的最重要經濟斷絕之一，就是我們離開了通貨緊縮的世界，進入結構性通貨膨脹的世界。

二〇二三年十月，通用汽車（General Motors）與工會達成薪資協議，同意在四年內加薪二五%，終止了在未來幾年內回到二%通貨膨漲的瘋狂說法。

我們應該預期利率將「變得更高，且維持更久」。實際上，只要利率維持在四％至五％之間，就等於歷史平均值。只有現在的年輕一代才會對此感到驚訝，因為他們是到了最近十年間才碰到零利率的不正常現象。

每個人都應該感到慶幸，因為通貨緊縮對老人有利，但對年輕人不利，是經濟的惡性腫瘤。然而，在不到兩年的時間內就從負利率環境轉變為我們現在所處的環境，只能說，這確實非常痛苦。

對企業而言，最大難題是定價政策，必須確保價格涵蓋了所有新增的成本。現在的邏輯與以前不同，過去三十年，財務主管制定「以價值換取金錢」或所謂的「物超所值」策略，面對日益挑剔的消費者所造成的價格壓力，企業削減成本以維持營運利潤。

負責工作現場的管理人員，憑著「無限」想像力，用盡各種辦法：大量外包、規避法規和標準、遷移到世界各個角落……正是這樣的過程，最終才會迫使超市用馬肉冒充

3 反覆參考判決先例，並積累形成法律。與之對應的是由立法機關通過的成文法，也就是臺灣用的方法。

牛肉賣給我們。

因此，解決方法在於反轉過去的公式，變成以「金錢換取價值」或「我只為我想要的東西付錢」。這個方法的靈感來自於二〇〇一年至二〇二〇年間在中國的成功案例，其中最重要的是產品重新設計的可能性，也就是說，為了達到客戶的特定需求並使他們樂於掏腰包，廠商可以重新設計任何產品或服務。

實際案例是中國的世界冠軍品牌海爾，為了農村的用戶，專門設計了一款除了洗衣服之外，還能洗馬鈴薯的洗衣機，而這就是它成功的祕訣。這種邏輯也出現在西方國家的某些單位，例如郵局，當然，其壟斷地位也是一大助力。

記得我小時候，爸爸媽媽在早上九點就會收到郵差送來的信件，而且郵資是單一價格。然而這些年來，信件變成大約在中午才會送到，而且經常是隔天中午。

為此，行銷部門的人才想出了一個點子，把郵局的低效率轉變成商業優勢：他們發明了調節式定價，在原來被視為標準的服務加收額外費用：分成平信、限時或快捷！甚至發揮想像力，推出了所謂「掛號」附加費用，只是簡單的提供了投寄證明。

中國電商平臺拚多多已經複製這個概念，他們的商品定價分成兩種：一種是快速到貨；另一種則是大幅折扣，也就是團購價。

在戰時經濟時期，準時將訂購產品送至指定地點，已不再是常態。能做到這樣的優良績效應該獲得獎金，而獎金的多寡則取決於為客戶創造的價值。因此，價格的訂定不再像和平經濟時期一樣，以成本為基礎，而是根據客戶所感受到的附加價值。

這提供了軟體公司蓬勃發展的機會，這些公司最先意識到他們可以在這樣的局勢中賺取營運利潤。發展得特別好的公司，已經估算出客戶使用其軟體後產生的財務效益，在自身成本獨立計算的條件下，可以提取高達二〇％的利潤。

達梭系統（Dassault Systèmes）軟體公司傑出執行長貝爾納・查爾斯（Bernard Charlès）清楚歸納出重點：「我們的生產系統應該從以成本為基礎，轉變成以價值為基礎的做法，無論它是環境價值、使用價值或是社會效益價值。」

與歐洲公司簽訂合約可以確保對工業財產的尊重，比在中國更值得信賴。這也表示歐洲合約即使稍有失誤，也不太可能會被消費者協會起訴，像在美國被要求的賠償金可能相當於好幾年的收益。

歐洲的交易條件比世界其他地方更具優勢，我們應該學習如何透過附加的額外服務來收取費用，可以採取「浮動式績效獎金」，比照對沖基金行業要求客戶接受基金公司可以從獲利直接提撥一部分作為績效獎金。和平經濟時期提供折扣優惠給訂貨量大的大單，而戰時經濟時期則徵收績效獎金以確保供應。

供應鏈轉變成價值鏈

最近，歐洲一家大型汽車集團的供應鏈主管，在一次投資者會議上坦言：「我的工作已經完全改變了。在二〇一九年以前，每年年初我要思考的問題是，今年能生產多少輛汽車？由於預算和產量的差異規定必須在二％或三％以內，所以我最擔心兩件事：工廠會被燒毀嗎？工會會發動罷工嗎？到了現在，我的問題變成：今年能順利產出嗎？」

汽車產業的新需求包括戰略性礦產、車用電池的特殊化學品、自動駕駛的軟體，以及車聯網半導體。這麼多種類材料的供應都是未知數，且其他行業也同樣有需求，汽車集團已經失去了相對的議價能力。

它的供應鏈轉變成價值鏈，這種困境迫使汽車產業在很早的階段就認清戰時經濟的依賴性。於是大型跨國汽車製造商不得不自己投資礦產，例如鋰礦。但由於無法在一個週期內達成資本回收，汽車產業目前仍被投資者冷落。

如果汽車製造商被上述四種新需求的供應商掠奪了歷史上大部分的附加價值，它還剩下多少利潤？躍居世界領先地位的一些汽車業新秀，如美國的特斯拉和中國的比亞迪，從一開始就預想到這個問題——他們採取高度垂直整合，發展範圍延伸到車用電池和電子晶片製造。

任何製造業都避不開這套公式。在擬訂合約時，這套公式會從技術上，轉化為成本指數化條款。

在二〇二二年之前，這種條款通常僅限於簡單的原物料，因為雙方都認同未來的價格變化無法預測。而今日，所有「二〇二二年以前」簽訂的合約都很可能變成定時炸彈，如歐洲的風力發電產業已經發現了這點。

儘管在和平時期簽訂合約是以固定價格計價，但由於戰時經濟時期，成本的結構性通膨回歸，其價值鏈當中有很大一部分目前幾乎處於破產狀態。這些指數化條款將是未來合約的討論重點。談判的結果將顯示客戶所感受到的真正附加價值，同時揭露出客戶只接受他認為不可避免的風險。

軍火商的慶典

要是遇到戰時經濟，就趕快衝到法國財經部吧！這不是為了認購政府債券，而是贏得補助競賽。在戰時經濟的狀況下，政府補助成為了企業生存和發展的關鍵因素。如果沒有得到當地政府的支持，外國企業要遷移到歐洲設廠非常困難；反之，若獲得補助，甚至能比本土企業更有優勢。

法國車電池新創公司「汽車電池公司」（Automotive Cells Company）就曾抱怨其在法國北部設廠獲得的國家補助「僅」達二五％投資金額，反觀他未來的競爭對手，也就是臺灣的輝能科技，卻獲得高達三分之一投資金額的補助。

此外，即便是民生用途，比如安裝家庭供暖系統，也必須在購買熱泵前先提供稅單，才能在安裝過程中獲得更多的補助。這些都凸顯了補助的激烈競爭。

作為自由貿易偉大捍衛者的美國人，反而在經濟中率先強烈顯示出政府出手干預引發的決定性影響。IRA是《降低通膨法案》（*Inflation Reduction Act*）的縮寫，卻顯得更像是《通膨再加速法案》（*Inflation Reacceleration Act*）。

這項法案的執行速度極快，美國政府在不到一個月的時間內便批准了大規模減稅措施。這些減稅措施迅速生效，並巧妙避開了傳統的政府官僚程序，從而加快了公共資金支出的執行速度。

而歐洲卻做出相反的選擇。在新冠疫情後，為了振興經濟，歐盟推出總額高達七千兩百三十億歐元的「復甦及彈性措施」（Recovery and Resilience Facility），向會員國提供資金。

羅斯柴爾德銀行（Rothschild & Co）首席經濟學家馬蒂爾德·勒莫恩（Mathilde Lemoine）指出，經過兩年後核准撥款的金額僅達一千七百五十億歐元。在歐洲，我們確實總是充滿各種想法，也會有一些騷動，但我們也趕走了像是戈恩（Carlos Ghosn）[4]那樣犯罪的企業家，並讓他們受到懲戒！

國家全面干預，將帶領市場回到扭曲的終極形式，也就是回歸「卡特爾」獨占聯盟模式。二〇二〇年三月，在疫情的高峰期，由於沙烏地阿拉伯和俄羅斯談判破局，國際油價瞬間暴跌，石油輸出國組織（OPEC）隨即彷彿被宣判死刑。

而今日，OPEC一片榮景，莫斯科和利雅德當局保持彼此禮貌，同意將石油價格維持在每桶八十美元以上。

石油市場的獨占聯盟如此興盛，甚至讓環保革命的金屬業同行也有了相同的聯盟想法，比如，印尼正考慮與俄羅斯聯手稱霸鎳市場，兩國合計占全球近六〇%的產量；而智利正在將鋰礦國有化，希望與阿根廷、玻利維亞建立「鋰礦金三角」。

澳洲是目前全球最大鐵礦生產國，靠鐵礦產業成為億萬富豪的漢考克採礦公司（Hancock Prospecting）董事長萊茵哈特（Gina Rinehart），不斷阻止外國收購澳洲礦產主要生產商，例如美國雅保（Albemarle）原先打算以四十億美元收購澳洲鋰礦商Liontown，或是智利SQM打算以十億美元收購澳洲鋰礦商Azure，皆遭到阻撓。

雖然鋰市場的規模不大，在二〇二二年僅三百五十億美元，但其戰略層面卻相當驚人。戰略金屬行業仍是大眾關注焦點，而在三十多種被歐盟定義為關鍵性金屬中，有十一種主要產自中國和俄羅斯。

總而言之，這些例子讓我們更明白，眼前正發生的一連串事件很可能讓部分經濟陷入動盪。二〇二三年已經能看見一些企業龍頭，因為成本暴漲導致利潤大幅下滑和股價大跌，或是資產負債表無法抵抗自二〇二二年以來的強力快速升息。

現在已不再是一切如常的時代，只有那些能夠禁得起新ESG理念：「能源、安全、戰爭」考驗的企業才能生存下去，進而成長茁壯。

4 黎巴嫩裔法籍企業家，雷諾－日產－三菱聯盟（Renault–Nissan–Mitsubishi Alliance）前任執行長。二〇一八年因涉嫌財務不當行為被日本警方拘捕，隔年透過不明方式棄保潛逃黎巴嫩（Lebanon），二〇二二年四月法國檢方正式對戈恩發出國際逮捕令。

02 親愛（又昂貴）的能源

如果不先解決能源問題，就無法認真討論環境問題。它和每噸碳的價格緊密相關，在美國，每噸碳價格接近零美元；在中國不到十美元；在歐洲則達到將近八十歐元[5]。

能源是人類一切活動的基礎，而歐洲政府卻經常忘了這點，就像在二〇一一年日本福島核事故後，面對民眾的壓力，德國總理梅克爾便下令停止核電。

現在，我們必須向前邁進，而不是憂愁的緬懷過去。能源轉型將比我們想像得更為痛苦，除了必須依靠能源產業歷來的所有參與者，能源轉型也將成為世界強權之間地緣政治衝突的主要議題之一。

過渡期越長，成本越高

政治不該任由環保人士主張，而環保是政治人物該負的責任。最重要的是，政治人物必須了解，所有的環保考量都必須從解決能源問題開始。

過去十年，全球花費近二．五兆美元才使化石燃料在全球能源消費總量的占比從八〇％降至七八％。也就是說，花費了這麼多錢，也只改變了二％的能源組合。由此可知，截至目前所採取的方法並未奏效。

能源轉型其實是漫長、昂貴且痛苦的。西方宣布二〇五〇年實現碳中和目標，中國則宣布將在二〇六〇年實現，但這只能約束那些聽話的人。要拯救地球，碳價格就必須上漲至每噸一百五十美元至兩百美元。

首先，這個轉變的代價將比我們想像的更高，因為過去從未發生過。在能源發展史

5 美國並未訂定國家統一的碳定價機制，因此碳價格可趨近於零。歐元兌美元匯率約為一．一〇元，八十歐元約為八十八美元。另外，臺灣碳價格為每噸新臺幣三百元，此價格於二〇二四年十月七日由環境部召開的碳費審議委員會訂定。

上，這是頭一次，新型能源的產出效率比先前的能源還要低。如果不計算碳的外部成本，太陽能和風力發電的成本都遠高於燃煤發電。

據彭博新能源財經網估計，二〇二一年至二〇二三年間，離岸風力發電的生產成本增加了五〇％，從每百萬瓦時（megawatt-hour）七十七美元增至一百一十四美元；法國佛拉蒙維爾（Flamanville）的「歐洲壓水式反應爐」（ＥＰＲ）新核電廠，由於投入生產時間屢遭延誤，目前的成本預估為每百萬瓦時一百二十歐元。

這也說明了法國政府為何決定在二〇二三年秋季，將法國電力公司（ＥＤＦ）的核能發電價格從四十二歐元，上調至七十五歐元。與此同時，在英國由於上一輪招標未能吸引業者參與競標，目前已將離岸風力發電的收購價格提高五〇％。

國際能源總署（ＩＥＡ）的專家認同法國戰略署的看法：能源轉型在未來四十年的每年成本將占國民生產總值的三％到四％。ＩＥＡ於二〇二二年估算全球在這方面支出僅八千億美元，相當於二〇五〇年至二〇六〇年實現碳中和目標所需資金的四分之一。

此外，這種轉變延展的時間遠遠超過政治領袖所公開承認的時間。

當新型能源被大肆宣揚時，總會有更嚴肅的聲音響起來平息熱度，新一代的小型模組化核反應爐預計至少要到二〇三五年才會出現。正如同新形式的氫能，將來在開始階段絕大部分僅應用於工業領域，少部分投入重型運輸。

太陽能產業的前景最被看好，但主要缺點是間斷性。由於過度集中生產，在發電高峰期甚至出現「負電價」的荒謬現象，所以在夏季就非常需要大容量的儲能系統。

風力發電持續遭到當地居民的反對，因此設置範圍可能僅限於公海，而設置於公海的成本遠高於陸域，實施也容易遭遇瓶頸，例如，必須用船將巨型裝置運送到距離海岸數十公里處。

從丹麥的維斯特（Vestas）、沃旭能源（Ørsted）到德國的西門子歌美颯（Siemens-Gamesa），歐洲風電價值鏈上的廠商皆遭遇股價重挫。這至少確定了一個事實：就目前而言，風力發電的商業模式無法……永續經營！

二〇二三年十月，沃旭能源總裁表示只有將電價提高五〇％，離岸風力發電才有機會獲利。德國能源公司萊茵集團（RWE）也預期這點，於二〇二三年十二月抓住機會，想拿下丹麥競爭對手的控制權，但最終沒有成功。

就整體發展而言，彭博新能源財經專家指出能源轉型的障礙：首先，因為氫能發電相關成本過高，正如前述，預估價格明顯超出一般家庭的購買力；其次，能源的輸送設施與配電系統需要巨額投資，尤其是數位化，而這些系統目前都掌握在國家手中。

從「前數位」時代開始，基礎設施就無法處理再生能源的間歇性缺點。據估計，這些投資將占能源轉型所需總資金的四分之一，也就是從現在起每年投資一兆美元，一直到二〇五〇年這麼多。如此一來才能減少輸電網路（Electricity network）連接申請案的排隊時間，在美國，平均排隊時間仍需四年，英國甚至需要超過十年。

彭博社同時指出，為確保整個價值鏈正常運作必須大規模取得關鍵金屬和礦產。然而，除了主要產地在剛果民主共和國的鈷礦以外，真正問題不在於開採，而是提煉，因為超過一半的提煉都受到中國控制，鎳礦和鋰礦的情況正是如此。

此外，投資礦業需要龐大資金，且回報週期過長。

彭博社接著強調，在通貨膨脹率上升期間，人們被迫接受因能源成本上升所造成的支出增加，對年輕一代來說，這是他們以前沒有遇過的情況。

最後，關於彭博社提到化石燃料傳統業者的游說，這些業者已經準備好配合轉型的節奏成為真正贏家，以謀取當前和未來的最大利益。

擁有石油的人獲得領導權

值得玩味的是，第二十八屆聯合國氣候變遷大會（COP 28）於二〇二三年十一月在杜拜舉行，並由阿布達比國家石油公司（ADNOC）執行長賈比爾（Sultan Al Jaber）擔任主席。

這證明了，要在氣候談判上取得重大成果，必須先擁有碳氫化合物大型企業的巨型專案管理專業知識。當馬克宏提供一億歐元贊助「全球南方」時，阿拉伯聯合大公國宣布成立三百億美元的基金，以降低化石燃料產業的碳排放量。種種跡象告訴我們，世界的領導權正在易手！

「礦坑中的金絲雀[6]」在二〇二二年早已向我們警示，拯救地球還得再等等，因為二〇二九年亞洲冬季運動會的主辦權已決議由沙烏地阿拉伯獲得。

6 指領先指標或是早期預警。金絲雀對有毒氣體極為敏感，而礦工可依據金絲雀的狀況，掌握何時該撤出礦坑以保命。

自此，美國兩大能源公司埃克森美孚（ExxonMobil）和雪佛龍（Chevron）在二〇二三年十月，以一千一百億美元的巨額收購了同業先鋒能源（Pioneer Energy）和赫斯（Hess Corporation），讓那些過去一直想著地球很快就不用碳氫化合物的人，心中疑慮一掃而空。中東說的「石油是新的數據」，正在取代美國科技業傳誦的「數據就是新石油（Data is the new oil.）[7]」。

就短期而言，能源的「三難困境[8]」持續促使各國政府必須尋求潔淨、便宜且方便使用的能源，而且還要加快生產的速度。在複雜的規格中，最不壞的選擇往往來自於對各種要求條件都沒有完全滿足，但對每項標準都做出了部分回應的最佳整體解決方案。

道達爾能源公司董事長潘彥磊向法國國民議會的委員會表示，面對能源這項挑戰，目前是液化天然氣在這一輪獲得勝利。儘管它是歐盟官僚詬病的能源，卻是大型油氣集團的大部分利潤來源，例如道達爾集團。

透過能源我們可以了解，為何環境問題完全不是像政治領袖在臺上說的「全球性的問題必須要求全球性的答覆，且各國政府必須就此答覆達成一致」。相反的，每次聯合國氣候變遷大會都讓世人清楚看見主要大國之間的分歧。

法國財經部長勒梅爾便抓住機會，利用二〇二四年初的內閣改組，將能源事務從「生態轉型部」直接重新納入財經部，反映出能源領域對新戰略的重要性。

好的（壞的）聯合國氣候變遷大會

二〇一五年聯合國氣候變遷大會（COP 21）是好示範，《巴黎協定》（*Paris Agreement*）[9]帶來美好希望。但後來一些令人失望的氣候變遷大會引起了失望挫折，逐漸澆熄這些希望，就像二〇二三年在杜拜舉辦時，當時與會人士超過八萬人，幾乎是二

7 此由英國數學家克萊夫．漢比（Clive Humby）於二〇〇六年提出。

8 三難困境一詞指兩種情境，一是有三個不想要的選擇，但必須選其中一個；二是有三個有利選擇，但只能擇二。能源的三難困境則是由世界能源理事會所提出，指如何在能源安全、能源公平、環境永續性之間達成平衡。

9 由聯合國成員國共同簽署的氣候協議，旨在把全球平均氣溫升幅控制在工業化前水平以上低於攝氏兩度之內，並努力將氣溫升幅限制在工業化前水平以上攝氏一．五度之內。

〇二一年在格拉斯哥的兩倍，但那些人齊聚一堂的最重要目的，是為了捍衛他們的特殊利益。並且，唯一真正需要討論的二氧化碳未來價格議題，卻未受到重視。

當時，可以看見石油和天然氣產業的代表努力說服聽眾相信，即便從中期來看，要脫離碳氫化合物能源依舊是白日夢。在另一方面，中國反對向海運汙染徵稅，海運的碳排放量占全球總排放量的三%，比航空的二%還高。北京譴責西方，認爲這是意圖增加中國出口成本的「新殖民主義」詭計。

歐洲和美國則將矛頭指向中國，因為中國的二氧化碳排放量占全球總排放量的二七%，美國則占一一%。無論是出於自身遠見或是好運氣，西方國家自從中國在二〇〇一年加入WTO以後，便決定把自家汙染最嚴重的產業遷移至中國，當時各國還沒有把碳排放的成本納入考量。

結果，現在中國每人每年平均排放十噸二氧化碳，而美國每人每年排放十八噸。不過，中國人平均每年的消費支出只有五千美元，是美國人的十分之一，因此很難去要求中國人去改變生活模式。

二氧化碳消耗量將被納入世界不平等的辯論議題。據《回聲報》報導，關於平均每年碳排放量，地球上最富有的一%人口為一百零一噸，最富有的一〇%人口為八噸，而最貧窮的五〇%人口為一．四噸。此外，最富有的一〇%美國人口的碳排放量，是最富有的一〇%歐洲人口的二．三倍。

未來，歐洲會不會制定出一套精明又狡猾的政策，針對從中國出口的二氧化碳徵收進口稅，並且以歐洲的碳成本（每噸高達八十歐元）計價？西方將從中獲得額外收入，並保護產業免受中國傾銷影響，而中國將必須獨自承擔脫碳成本。

毫無疑問的，中國政府會盡全力捍衛自己的利益。中國已經明白，在二十一世紀控制新能源，如同二十世紀控制化石燃料，將獲得重要的地緣政治優勢。

中國預計未來消費者會要求了解所購產品的碳足跡，因此努力建立三方霸權，藉此推翻二十世紀美國的能源霸權地位：首先，控制關鍵原料的開採與提煉，例如鋰、鎳與鈷等；接著，依中國國家電網的二〇五〇年「電力互聯網」全球網路願景，組織全球市場以利解決間歇性能源的未來產能過剩問題。

最後，中國企業如比亞迪和寧德時代，最初雖然在能源效率方面落後，透過掌握電池等各項關鍵技術，如今都已經能夠迎頭趕上。

03

最大的安全危機來自內部

縱觀歷史，國家安全的首要考量，就是是否具有抵禦外部世界的軍事力量。這助長了利潤豐厚的軍火貿易，而聯合國安全理事會的五個常任理事國，是其中九五％軍火貿易的受益者。在過渡到戰時經濟的背景下，全球都開始重整軍備。對於西方陣營來說，他們很高興能看到德國和日本恢復了二十世紀上半葉的良好舊習慣：擴充、整頓軍備。

新的遊戲區主要出現在網路空間。我們已經看到，混合戰正轉向民用基礎設施，如電力、石油、金融、醫療和電信，但也包括私人部分，首先從企業開始。武器的發展擴大到無人機、探測器和嵌入程式碼連接網路的產品。

當今局勢不同於往的新特徵在於，最大的安全危機來自內部，因為社會契約瓦解了，不論是在中國、美國或歐洲。在中國，清零政策打破了人民與政府之間的心照不宣的事：過去人民放棄政治領域可以換取維持經營企業和製造財富的自由。

另外，二〇二一年中國政府對私立線上教育的禁令，讓父母輩認為家中唯一的孩子所受教育不足，未來的物質狀況將不如自己；在美國，貧富不均的加劇，以及少數族群的人口增長，導致日常生活中彌漫著越來越濃厚的內戰氛圍。

最後，在歐洲，尊重權威的觀念遭到摒棄，加上伊斯蘭教的興起，使極右勢力得以在大片沃土中成長，從義大利到瑞典，經法國、德國和荷蘭皆是如此。

我們必須重讀勒內．巴雅韋爾（René Barjavel）的科幻小說《蹂躪》（暫譯，*Ravages*），這本書寫於二次大戰期間，它讓我們了解到，當一個社會組織不再保障安全時，無論是在人民的人身安全或對社會關係的尊重方面將如何崩解。

因此，恢復安全將分兩個階段進行：首先，各國必須重新思考彼此之間的關係，並非從主權概念出發，那已經過時了，而是從相互依賴的概念；接著，為避免依賴產生的陷阱，所有企業一定要找出新的控制來源。

相互依賴聲明

政治人物最流行的用語之一就是「主權」，大概每個星期都會有一位部長表示正在全力爭取恢復國家的主權，但他們似乎都忘了，十八世紀末法國人民在最後一位擁有國家「主權」頭銜的人——也就是末代法王路易十六——帶領下的命運[10]。

現在這個概念在兩方面具有誤導性。

首先，各國在金融方面相互依賴，消滅了任何所謂主權的微弱願望。馬克宏訪問白宮時，可以在會議中痛批美國的降低通膨法案，不滿其對歐洲企業的衝擊，但就在會議室的隔壁卻進行著另一場談話——美國主要機構投資者正提醒法國財經部的成員，若沒有美國的支持，要在未來十二個月內募集三千億歐元的國債，不可能達成。

接著，就產業方面來說，最強大的價值創造來自產業生態系統，然而沒有任何一個業者能夠聲稱完全掌控整個流程。

在半導體業產業，英特爾因為缺乏垂直整合能力，喪失了領導權。過去它試圖優化每項流程，結果現在卻被另一個在各方面都專精的競爭對手遠遠甩在後面。反觀蘋果智慧型手機的晶片由高通設計、台積電製造，最後由鴻海完成手機組裝，這種相互依賴的組織方式才是致勝之道。

未來的營業模式有開放的趨勢，與傳統的「圍牆花園」（walled garden）[11]截然相反。傳統產業很難理解這一點，例如電信業者，他們仍保留著寡頭壟斷的思維，一般是國營企業出身。他們想要把客戶封鎖在低效率的專屬系統中，事實上卻造成客戶流失，最終變成了沒有太多附加價值的簡單管道，而這都會反映在其股價變化上。

另一方面，未來將以平臺為核心，結合人工智慧發揮靈活性，以更低的成本提供個人化產品或服務。

在這場革命過程中，製藥業必定經歷巨大轉變。德國BNT公司（BioNTech）和美國莫德納（Moderna）這兩家新藥廠，正是利用過去被同業認為不值得研究的mRNA技

10 路易十六最後在法國大革命期間受到處決。作者暗示，現代政治人物引用主權一詞時應更小心謹慎，因歷史已表明這種想法的危險性。

11 形容一個封閉受控的環境，內部受到精心設計和監管，並與外部隔離。

術，才把地球從新冠病毒中解救出來。

確切的說，這些勇敢顛覆傳統的人其實並沒有發明新產品，而是開發了一個生產平臺，這個平臺原本是為了腫瘤學的優先領域所設計，而非病毒學。這一現象表明，國家未來的衛生安全將不再只是依靠研發並獲取專利的法律保護，而是要掌握這些高效、生產力強的平臺。

這也說明了為何二〇二三年中國極少數的「外商直接投資」廠商名單中有莫德納上海廠，顯然北京政府意識到在這方面依賴的危險性。

因此，一個國家或地區的安全在於它是否具備能力分析其合作夥伴的優勢和弱點，進而有效的協商其相互依賴的關係，創造雙贏局面，莫德納在中國的傑出實施成果即是一例。

現在，該輪到歐盟官僚擺脫他們致命的意識形態了，他們得趕快找出中國對歐洲深度依賴之處。首先，由於中國的發展模式是出口導向，其國內消費持續受到房地產危機影響；其次，由於中國產能過剩，估計占全球供應量的六〇％，是國內需求的四倍；再者，由於美國對中國出口的產品不斷加徵關稅，所以就現實而言，中國從未如此依賴它的第一大客戶——歐洲，而且還是一向準時全額付款的優良客戶。

歐洲從來沒有得到任何自身要求的成果，完全由北京控制了雙方關係。現在是時候對中國發表「相互依賴聲明」，更有效的保護自身利益，不要再把力氣浪費在尋求無效的互惠。

正如前中國歐盟商會會長伍德克在《金融時報》打趣的說：「我們一直希望中國人變得跟我們一樣；但事實上，他們正迫使我們行事跟他們一樣！」

依賴性控制一切

相互依賴的概念在經濟領域轉化為控制的概念。在戰時經濟中，控制是成功的關鍵。二〇二二年發生的一連串事件，其原始特徵之一就是控制手段的轉變。在這方面，由於中國的圍棋文化流傳已久，因此占有文化優勢，圍棋的宗旨就是包圍對手，最終支配對手。依賴關係是深植他們腦海中的最終實踐目的。

在這個新週期中，控制原則的原動力會隨著環境的變化而重塑自己。二〇二三年十一月在美國發生了一件引人熱議的案例，說明了控制機制發生根本性的逆轉。在一個傳奇的週末，生成式人工智慧冠軍 OpenAI 的命運就此注定。

按傳統，美國私人企業的控制權，掌握在股東的投票權中，股東們的利益由董事會的代表捍衛。但 OpenAI 的情況不同：由於公司負責人的研究團隊深信，他們的發現可能會對整個社會造成影響，甚至包括負面的影響，所以當時選擇以非營利組織的形式成立公司，而董事會則主要由獨立學術單位組成。

後來因為在演算法的發現有了驚人的進展，需要對伺服器和運算能力投入越來越龐大的資金，於是微軟在二〇二三年向 OpenAI 投注了一百億美元。

微軟謹慎的以不具投票權的身分進行投資，以確保董事會所捍衛的道德與無私的觀點能夠繼續維持。這就是和平經濟中對事實的理解。

在戰時經濟中，自然可能出現另一種解讀。法國哲學家米榭．賽荷（Michel Serres）曾經提醒，當資訊的傳輸方式發生變化，就會產生歷史轉型的偉大時刻。比如，古希臘的書寫、古騰堡的印刷術、現今的數位革命和明日的生成式人工智慧。

OpenAI 出現在微軟，就像五十年前的電腦作業系統，讓比爾蓋茲再度建立了全球壟斷地位。早年的監管機構，尤其是全球層級的，組織還沒有像現在這麼嚴謹，無論如何，微軟從此改變了資訊傳輸的方式。

現在，輪到 OpenAI 徹底改變資訊傳輸方式了。以後不會再像現有的搜尋引擎，提供難以消化的龐雜內容，而是呈現簡潔、實用且智慧的即時摘要。新的主導地位正在成形。ChatGPT 的流量已占前五十大生成式人工智慧產品總量的六〇%。

最初以非營利組織的形式成立 OpenAI，可能是為了避免被監管機構盯上。然而一旦成功，龐大的研究經費需求將不得不轉而求助「口袋很深」的微軟，因為微軟是有能力為這項計畫注入一百億美元巨資中，唯一「扛得起責任」的業者。

微軟僅以「合理」的方式要求 OpenAI 的永久授權作為交換，這項永久授權包括允許存取演算法，並將 OpenAI 專案託管在微軟的 Azure 雲端運算平臺伺服器。

這種布局，形同圍棋對奕中「圍地吃子」策略，讓奧特曼（Samuel Altman）在那個週末「將死」了上週五才剛解僱他的董事會，並決定重新聘請他。於是在接下來的週一，奧特曼重新取回演算法的所有權，而 OpenAI 將被切斷對 Azure 伺服器的存取。

這個案例向大家說明，如何透過依賴性而非投票權控制一家公司。發生這一切之後，OpenAI 重組董事會，新加入的董事會成員們，如美國前財政部長勞倫斯・桑默斯（Larry Summers），將能夠提出必要的辦法來促進未來的監管，主要目標是為新參與的業者設置進入門檻。微軟可能是史上唯一能在五十年間，連續兩次徹底改變世界的企業。在此向微軟致敬！

而此次轉變最令人感到新奇的，無疑是顛覆了軟體與硬體之間的歷史關係，這項行動成功可說是效果驚奇。過去是優步化（uberization）的十年，在此期間，軟體剝奪了許多實體資產的大部分價值，特別是市場地位。

如今在 OpenAI 的案例，卻是硬體——伺服器及其運算能力——以匍匐前進的姿態悄悄接管了軟體的控制權。歷史的巨輪在轉動！

在這個正開始的週期，最關鍵的是，每個董事會應該要求公司高層發出相互依賴聲明，以確保其安全。在戰時經濟中，包括在公司組織的內部和外部，危及公司控制權的「Ctrl + Alt+ Delete」[12]在哪？在生態系中，如何把我們和生態系贏家的相互依賴關係組織到最佳狀態？當我們準備從充裕時代進入匱乏時代，這些問題就顯得格外重要。

04 「戰爭」：供給政策

民主國家的歷史，就是不斷的在財富的創造期和分配期，也就是經濟成長和社會公平之間交替進行。據《巴黎人報》（*Le Parisien*）報導，法國國會議員在任內平均每年體重增加三公斤，這似乎是個指標，說明法國在目前這個循環所處的位置。

過去十年，我們耗費多數時間大談治理原則，希望妥善分配「富裕社會」的成果。現在是時候該承認，戰時經濟已經成了我們日常生活的一部分，從此我們得生活在一個匱乏的社會。

12 常見的電腦鍵盤按鍵組合，目的在於立即終結電腦的異常狀態，包括當機。

這個轉變將迫使政府採取必要政策來支持供應而非需求，它將越來越頻繁的引發訴諸戰爭形式的行為。最終，這個轉變將醞釀國與國之間，和企業與企業之間，更多的對立衝突，為求吸引和培養地球上最優秀人才。

「無論任何代價！」

二〇二二年春天，在毫無警告的情況下，習近平決定封鎖兩千萬上海市民，他向全體中國人民傳達了中央訊息：國家已進入戰時經濟時代，今天我們對抗新冠肺炎，明天對抗美國。自此，「光輝四十年」正式宣告結束。糧食供應不穩定是未來犧牲的徵兆，每個人在戰爭時期都必須為此作好準備。

不同於馬克宏常說的「無論付出任何代價」，習近平說的是「無論人民付出任何代價」。在戰爭時期，優先考量的是掌握「供給面經濟」，必須能夠控制全球生產瓶頸。因此，專制國家比民主國家多了一項戰略優勢，因其建立在權威之上，可以奉行供給政策，而民主政府則靠吸引力維持，將自己封閉在已經不起作用的需求面政策。

購買力的唯一有效捍衛政策是增加供應量，以降低通膨，而我們仍然有必要說服部分人口在後疫情時代重返工作崗位。二〇二三年初，精神分析師辛西婭・弗勒里（Cynthia Fleury）和政治學家傑羅姆・富爾凱（Jerôme Fourquet）在《回聲報週末特刊》引述法國公眾輿論研究所（Institut français d'opinion publique，簡稱ＩＦＯＰ）的民意調查顯示，在一九九〇年有六〇%的法國人認為工作的價值是「必不可少的」；然後，在二〇二一年，這個比率僅達二四%。

根據這些專家的看法，罪魁禍首有二：第一，遠距工作普遍興起，有時卻也引發了荒唐可笑的情形。曾有一位巴黎餐廳老闆告訴我，他遇過應徵服務生的面試者要求「每週五遠距上班」。第二，目標管理（management by objectives）的激增氾濫，加上網路世界短期主義的壓力，普遍消退了人們的使命感。

我們面臨的挑戰，與其說是對於經濟的了解，不如說是政治上的勇氣。

對於尋求進入權力中心的候選人來說，增加供應的政策在競選活動中很難辯論，所以並不受歡迎。要吸引選民，最好是承諾以需求為基礎的政策。只有在威權觀念統治下，才能將供給方政策的約束力強行施加於民，在中國案例即可見。

就地緣政治上，供給與需求之間的二分法，現今反映在威權政體與民主政體之間。馬克宏非常相信自己的領袖魅力，甚至認為他可以打動專制者，這說明了為何他在烏克蘭被入侵後，仍固執的要求與普丁對話，也說明了為何二〇二三年春季他在中國與習近平會面時，表現出不適當的和解態度。

歐洲，永遠在供需之間搖擺，是正反兩極同時進行的精采範例。比如，相互矛盾的緊縮性貨幣政策和寬鬆的預算政策同時進行，就像是要盡量擴大停滯性通膨的機率一樣。一方面，唯一引起政治人物注意力的爭論，似乎只有購買力，而他們為空前的財政寬鬆提出各式理由辯解。

《馬斯垂克條約》（*Maastricht Treaty*）規定歐盟成員國的預算赤字，不得占GDP超過三%，這項規定已被我們那些可以容忍五%赤字、「錙銖必較」的管理階層輕率的越線了，甚至是在利率上升對公共財政造成進一步壓力之前，就超標了。

在法國這樣的國家，「購買社會和平」事實上是透過國家支持商品消費，但這也加重了貿易平衡的負擔，例如能源。關於這點，儘管主權是戰時經濟的關鍵準則，然而超過一千億歐元的赤字，反映出我們越來越依賴其他國家，尤其是一些專制國家。

另一方面，歐洲央行卻寧可專注在唯一任務：讓通膨率回到二%目標，這也是央行升息的原因。歐洲央行似乎仍不願公開承認，這樣的目標與能源轉型所需要的努力是無法相容的，正如大家所見，能源轉型需要花費GDP三%至四%左右的額外資金。

確實，歐洲央行會這麼勤快努力，全要感謝總裁拉加德（Christine Lagarde）的強大頭腦。在她多次傳奇性的新聞發布會中，有一次她宣稱：「通貨膨脹無所不在！」她可能是想媲美前任總裁特瑞謝（Jean-Claude Trichet）的歷史性決定。

二〇〇八年夏天，正值美國爆發金融危機時，特瑞謝決定提高歐洲利率，堪稱史上掌握最佳時機的金牌得主。

如今，歐洲央行仍然與世隔絕，生活在和平經濟的象牙塔，以為通貨膨脹是需求過度的結果。並且，還沒有醒悟到我們已進入了戰時經濟時期，通貨膨脹的衝擊是來自於許多長久持續的供應瓶頸。

利率上升將會導致需求萎縮，比如房地產業，卻無法改善重要貨物的供應，像是能源，而能源價格的變動將使歐元區完全暴露於風險之中，尤其液化天然氣的價格漲跌極不穩定。由此可見，歐洲的貨幣政策仍無法適應戰爭意味越來越濃厚的緊張局勢。

未來是混合戰，輸贏在人才

地緣戰略學家愛德華．勒特韋克（Edward Luttwak）在一九九九年寫了一篇著名的文章，文中解釋戰爭的優點，認為戰爭可以幫助解決政治衝突，進而邁向和平。中國目前的態度正反映出這種矛盾，因為根據官方宣傳，中國文化反對好戰觀念。然而，習近平全面掌權後所做的一些選擇，若沒有及時被制止，注定導致衝突。萬一因此產生的緊張局勢牽涉到美國，情況就會更加嚴重，因為美國與中國正好相反。近三個世紀以來，戰爭已經融入他們的文化裡。

緊張局勢加劇的微弱訊號不斷累積上升。這些訊號與西方媒體經常提到的臺灣命運無關，而是與混合戰爭逐漸滲透的新領域有關。在工業方面，前述提到製造業的過剩產能只能以入侵外國市場來解決；但這個模式與侵略性外交是無法調和的。早先德國與南韓在強化他們的全球商業擴張時，便捨棄了侵略性外交。

在總體經濟層面，主要來自能源壓力造成的西方國家通膨率飆升，以及公共赤字融資的終止，這些都在破壞民主國家的穩定，而中國內需疲弱恐逐步走入通貨緊縮，規模可能接近日本「失落的幾十年[13]」。

在意識形態上，民族主義的興起是中國共產黨存在的主要原因，這引發了抵制其它國家產品的呼聲，例如在政府間發生爭端後，呼籲抵制日本、澳洲和南韓產品。

在外交方面，中國最初的挑釁限於在南海，但隨著二〇二三年九月新的中國官版地圖公布，所有鄰近國家都感受到挑釁加劇。新版地圖修改了中國的邊界：藉著中俄「無限」友誼，剝奪了俄羅斯在一八六〇年根據《北京條約》不平等取得的部分西伯利亞。

最後，在軍事方面，習近平責備解放軍患有「和平病」。面對對手美國，解放軍的最大弱點是缺乏作戰經驗，而美國恰恰相反，由於歷屆政府的好戰政策，經常有面對實際作戰的經驗。

13 一般稱為失落的十年，是指一九九一年時日本泡沫經濟破滅而導致經濟停滯的時期。最初指一九九〇年代，但二〇〇〇年代和二〇一〇年代的經濟持續停滯，故此處作者用「幾十年」說明。

因此，儘管未來發生正面武裝衝突的可能性似乎不大，但其他形式的各種戰爭概念已經深植國際關係中。混合戰的想法引起各界討論，包括商界。比賽的輸贏將取決於掌握未來人才。

全球上演搶人大戰

投資人常犯的錯誤之一，就是低估了人口結構對國家未來經濟發展的重要性。世界幾個主要國家在未來幾年，將逐漸走向人口衰退。不僅在日本和歐洲將會變得嚴重，甚至連中國、俄羅斯和韓國也是如此。

唯獨美國，將透過維持「選擇性移民」（selective immigration），也就是根據技能、背景、經濟等標準篩選的移民政策，來掩飾其人口結構性衰退的問題。戰時經濟將轉向生產的人力因素，尤其是針對人才方面：跨國企業即將在全球各地瘋搶人才。獵取人才將需要新的社會契約，而且是一個與過去三十年完全不同的社會契約。我們很快就會需要反轉流動趨勢：不再像過往讓年輕一代支持老一代，而是由老一輩來為年輕一輩的福祉和發展做出貢獻。

在法國，從一九九〇年到二〇二〇年，社會保險扣除額占國內生產毛額的比例從二一%上升到三二%，增加了一一%，光是支付養老金就占了其中六%。

人口壓力並非個中原因，而是法國人普遍提早退休的事實，導致國內六十歲至六十五歲的人口中只有三分之一仍在工作這樣荒誕的現象，相較其他國家，德國為六〇%，瑞典為七〇%。

平均來說，這些年輕的退休者可能活到超過八十歲，當中有些人覺得自己對社會已經沒有用處。由於他們是政治參與度最高的族群，收入也高於勞動人口，因此政府往往優先考量他們的需求，而非現在年輕的工作人口。從總體經濟的角度來看，歐洲的人口老化問題比亞洲嚴重得多，至少亞洲還不需要為承諾退休金的定時炸彈籌措資金。

在這三十年間，法國的國民教育預算占政府總預算的比例從四・三%降至三・七%。這加速了教師因低薪而貧窮化，以及師資素質的下降。教育部坦承，升上四年級的學生中，幾乎有一半還沒有完全掌握書寫和算術的基本能力。然而短短四年後，他們通過法國高中畢業會考的比率卻超過九〇％，這一事實令人不禁懷疑會考的要求程度。

爭奪未來人才的戰爭就此展開，對重建供給方政策來說，這點極為重要，特別是工程領域。龐大組織的任何改革，從內部開始是不可行的，必須從外部尋找解決方案。

二〇二〇年，當新冠危機爆發時，巴黎中央理工學院（École centrale Paris）一名二十四歲的學生，在宿舍裡開發了一套應用程式，取名為「快，我的疫苗」（Vite ma dose）。這套應用程式讓每位法國公民都能找到最近的疫苗接種中心，並預約施打時間，而衛生部的公務人員團隊還做不到這項服務。

現在，法國巴黎證券交易所市值前四十大企業（CAC 40）的每個成員，都應該選擇一個教育領域，並根據專業開發其支援教學的應用程式，建議可命名為「快，我的解答」（Vite ma solution）。

企業可以贊助成立數位市集，並透過視訊連結企業集團的退休員工，以及國內書寫或算術能力不足的學童。如此一來，每位學生都可以透過手機，獲得個人化的支持，而每位退休人士也能持續對自己的存在賦予意義。

如果不這樣主動出擊，二十年後，還會有什麼「法國製造」的文化，可以像法國奢侈品名牌一樣向全世界推廣呢？

跨國傳媒公司漢威士（Havas）在最近的「城市品牌觀察站」研究中指出，六五％受訪的法國人認為，政府改變事物的能力不如以往；七二％表示現在都是由企業在推動最具宏遠視野的社會計畫。

正因如此，在資安領域仍有七五％的職缺尚未填補之際，Google的法國子公司提出創立「Google資安專業證書」（Google Cybersecurity Career）培訓課程的構想。這證明了勝出的企業是那些將和平經濟的「社會」概念，擴大至戰時經濟所認同的「安全」概念的企業。

總結來說，我們都知道，通往地獄的道路總是由善意鋪成的。雖然「環境保護、社會責任、公司」是完全值得追求的三個目標，然而它們已經被嚴重扭曲到使我們無視二〇二二年與上個週期斷絕後出現的真正問題。

「能源、安全、戰爭」這三要素的新組合將使我們能夠適應新的局面，而無論我們是否認同，這三個新要素都將決定世界三大區——中國、美國和歐洲——之間的關係。

第五章

新的地緣治理

正如同企業必須重新審視其營運方式，各國政府也必須更深入的重新思考國際關係。首先，必須了解上述價值轉移所引發的新資金流動，如何孕育出全新的地緣政治平衡。接著，中國、美國和歐洲這三大區塊將根據其文化特點轉向新的戰時經濟，只是在成功程度上各有不同。

適應戰時經濟的靈活度，將決定他們在新的全球地緣治理中，所占的地緣政治權重。

01 新的資金流動與地緣政治

聰明的總體經濟學家將通貨膨脹比喻為番茄醬：當你拍打瓶底，番茄醬仍頑強的停留在瓶子裡，於是你開始搖晃瓶身，並且越來越大力。突然間，大量的番茄醬噴濺而出，最後盤子裡食物全都淹沒在番茄醬裡。

在走出過往的通貨緊縮循環後，這是民主國家面臨的主要危險。一九三〇年代的前例教會我們一個道理，當社會已經承受嚴重的社會緊張壓力，便不可能永久抵擋得了不斷上升的通貨膨脹。

對選舉期間的民主政府來說，好的經濟衰退勝過通貨膨脹，因為在經濟衰退時期，九〇%的人口看到他們一〇%的失業鄰居，會為自己感到慶幸；但在通貨膨脹時期，一〇〇%的人口都感到不滿。

原因在於通貨膨脹與地緣政治相互滲透，同時影響了國家與企業的治理改革。法國央行從二〇〇八年危機以來已成功復甦，並維持相對的金融穩定，然而我們不應抱持任何幻想。正如美國聯準會主席鮑爾（Jerome Powell）於二〇二二年夏天坦言：「現在才更明白，我們對通貨膨脹的了解有多麼少。」

根據《金融時報》估計，全球五〇%的資產掌握在非銀行金融機構手中，逃避所有的監管，所以要了解實際情況確實不容易。

二〇二三年十一月，加密貨幣交易平臺幣安（Binance）在美國被罰以破紀錄的四十三億美元巨額罰款，便足以說明這項平行經濟的規模。二〇二二年，法國金融市場管理局（AMF）授予幣安在法國註冊許可，受到了其他國家監管機構的猛烈抨擊，尤其是英國。對政府和企業而言，了解這些貨幣的重大變化，將快速決定贏家或輸家。

除了政治方面的衝突之外，全球化也在另一方面留下了明顯的印記，那就是世界主要經濟體的債務水平。正如我們所見，私人和公共債務總和，幾乎在所有地方都已累積到約占GDP的三〇〇%。不過，公、私債務的混合比例各有不同。

在美國，每逢經濟衰退，政府債務就會飆升。把危機導致的虧損國有化，以便更能實現經濟好轉時的利潤私有化，仍然是政策的推動力。新冠疫情大流行時，美國波音集團因 737 MAX 無法維持產線正常運作，獲得政府提供金額高達六百億美元天文數字的援助，便是一例。

美國的私人債務也同樣龐大，不過它是建立在對未來成長的一種內在信念之上。私人債務所帶來的兩種價值創造，從一九四五年以來一直是山姆大叔成功的泉源：其一是美國股市每年成長六％至七％，儘管有一些短期波動；其二是房地產也以相近的成長幅度升值，透過對潛在收益進行再融資，創造「財富效應」，成為消費的驅動力，消費幾乎占了美國GDP的七〇％。

通膨的受益者：債務人

當債務是以隨著時間而升值的資產作為擔保，那麼債務本身就不是需要對抗的邪惡。目前美國股票總市值大約是美國國民生產毛額的二〇〇%。假設該估值合理，美國的股票持有者借貸能力是中國的兩倍。上海、深圳和香港證券交易所的市值總額還不及中國的國民生產毛額，甚至許多國有集團估值有過高之嫌。

而債務增加的速度，使中國的平衡變得更加不穩定。

橋水基金（Bridgewater Associates）創辦人瑞·達利歐（Ray Dalio）在其著作《大債危機》（*Principles for Navigating Big Debt Crises*）中指出，有關主權債務的重組，歷史的演進扮演重要角色。過多的債務增加得越快，就越難處理，因為其融資資產的品質會越容易受到質疑。

摩根士丹利投資銀行亞洲區前主席史蒂芬·羅奇則指出，中國私人與公共債務合計的總債務，在其增加速度上非常特別：從二〇一〇年代初期占GDP的一三〇%，到二〇二〇年竄升至二八〇%，而其GDP在同一時期也成長了一倍。換句話說，債務的絕對水準在短短十年間增為四倍！

這就是為什麼在未來幾年，中國房地產危機的處理，勢必需要分攤至一段很長的時間。據估計，以全國範圍來說，中國此次房地產危機的嚴重程度是二〇〇八年美國次貸危機的兩倍。

現在中國需要大約四十年的平均可支配收入，才能在大樓買一戶面積九十平方公尺[1]的房子，且房子的使用壽命估計只有三十年。然而，在所謂的三線和四線城市，每平方公尺的價格看起來穩定，但會出現優惠註明：「買一層送一層」，這樣供應過剩的場景。

為了解決這個問題，可以參考第二次世界大戰結束時的情況，當時的實質利率為負。主要想法是維持名目利率低於通貨膨脹率，這樣一來，剩餘的債務將會逐年機械性的貶值。這就是為什麼各國央行宣布要徹底抑制通貨膨脹的言論非常值得懷疑，因為通貨膨脹的問題比央行高層公開承認的還要嚴重許多。

現實中的情況完全不是這麼一回事。通貨膨脹損害了儲蓄者，卻拯救了債務人——而現今最大的債務人就是各國政府。中央銀行已失去其獨立性，與政界一起玩著大風吹遊戲，因此利率大幅上升也不再擔心。

根據經驗，要克服過度的通貨膨脹，各國央行行長至少需要實施三百個基點（basis

1 約為二十七坪。一平方公尺約為〇．三坪。

point）[2]的正實質利率。但從一九七九年美國的伏爾克（Paul Volcker）之後，沒有一位央行行長有勇氣實施這樣的補救措施，當時還造成了第二次世界大戰以來最嚴重的經濟衰退。

如此大幅度的升息，很可能引發主權債務違約，例如法國就幾乎確定將面臨自一七八九年以來首次的主權債務違約，時間甚至會落在二〇二〇年代結束之前。

矛盾的是，現在只有中國礙於其目前的通貨緊縮，才實施如此高的實質利率，用意是以人為操作方式保護國有銀行和保險公司的利潤，進而保護中國共產黨的金庫，但這也壓抑了私人企業的借貸能力。

世界經濟回歸通貨膨脹，並將以「W」型態震盪。二〇二二年至二〇二三年由於所謂的「貪婪通膨」現象，通貨膨脹首先出現驚人的上揚：企業趁機利用通貨再膨脹而過度抬高價格。隨後將是一段相對通貨緊縮的中間時期，但只會維持短暫時間，一旦在環境轉型的巨大壓力下，「綠色通膨」將從二〇二五年起全面發揮作用。

專制國家將會鼓勵這種再通膨，而民主國家——正如我們從一九三〇年代以來就知道的——容易受到再通膨的損害，主要是因為它將衝擊銀行體系。

銀行業危機

美國二〇二二年的快速升息，使地區性銀行在二〇二三年第一季度遭遇幾乎最大的危機。這些銀行不得不採用「持有至到期日證券」（Held-to-Maturity）的會計技巧，以掩飾當時聯邦存款保險公司估計近六千兩百億美元的未實現虧損。

這讓世界其他國家有機會發現，原來只有十四家美國銀行受到巴塞爾協議（Basel Accords）[3]的監管約束。更早之前，川普認為地區性銀行不必受到這些規定，然而這類銀行對房地產開發業的曝險度最高。

事實上，異常情況的出現，通常是因為一些意外才引發銀行業危機。誰也沒有料想到，世界上最穩固的資產——國庫債券，過去一直提供「無風險的報酬」，竟成了殺傷

2 是金融領域使用的一種計量單位，用於描述利率、債券收益率或其他百分比變化。一個基點等於〇．〇一%，討論小百分比變化時，使用基點可避免混淆。

3 巴塞爾銀行監理委員會成員，為了維持資本市場穩定、減少國際銀行間的不公平競爭、降低銀行系統信用風險和市場風險，推出的資本充足比率要求。

力最強的資產，並反轉為「無報酬的風險」。

在二〇二一年到二〇二三年間，二十年期以上的美國政府債券，在十八個月內價值縮水一半，這是過去從未見過的事。世界上公認風險最低的資產竟出現了類似二〇〇八年股市的崩盤。

對銀行而言，在負債方面，個人存款理應是最穩定的資金，據統計，人們離婚的機率還比換銀行要高。然而，自從有了網路銀行，只需要在電腦上點擊，就可以提走所有資產。儲戶的存款以驚人的速度轉出，過去習慣看到在銀行大排長龍的情況已不復存在。二〇二三年初，由於儲戶透過網路快速交易，加州矽谷銀行（ＳＶＢ）[4]在一天內流失了四百億美元！

貨幣動盪

戰時經濟意味著貨幣的不穩定。當政府或央行不以調整利率改善經濟時，會透過操縱貨幣價值（通常是貶值）作為手段。貶值在政治上比較不會造成痛苦，是一大優勢。法國密特朗領導的左派甚至稱讚它「有競爭力」，儘管首當其衝被摧毀的是社會最底層的人口。

我們的新週期以資本流動的深刻變化揭開序幕，並帶來空前的貨幣騷動。主要大國的地緣政治將因此而轉變。我們已經習慣的不平衡即將瓦解。聯準會持有的資產規模曾達到九兆美元的峰值，約為美國GDP的近四〇％！法國四〇％的主權債務由中央銀行和主權基金持有。

二〇二二年九月，英國的市場信心在短短一週內潰散，導致剛上任的財政大臣夸騰（Kwasi Kwarteng）立即辭職[5]。日本於二十多年以來，在西方國家的公共赤字融資上扮演著決定性的角色，卻面臨購買力一落千丈：日圓在十八個月內貶值了三分之一，使日本的人均GDP僅三萬五千美元，與南韓的水平相當，而南韓的積極動力，將如同我們已經在東南亞國家所看到的那樣，在未來十年將會為大家帶來驚喜。

4 矽谷銀行已於同年三月倒閉，是美國史上第二大倒閉銀行。
5 正確來說，是被開除了。前首相特拉斯（Liz Truss）開除了他。

與此同時，新加坡政府為了保存其人民累積的財富，於二〇二三年一月增加了三〇%的黃金儲備，是該國自一九六八年以來黃金最大購買量。

現在經常帳盈餘最高的是專制政體，如中國、俄羅斯和沙烏地阿拉伯等。

由於俄烏戰爭導致能源成本飆漲，沙烏地阿拉伯、阿拉伯聯合大公國、卡達和科威特這四個波斯灣國家在二〇二二年迎來了大量資金流入。《經濟學人》估計其收益高達三千億美元，主要來自歐洲。這筆龐大的意外財富，將使沙烏地阿拉伯在國際社會中的地位日益鞏固，尤其是透過影響卡達和土耳其，試圖重新站上遜尼派阿拉伯世界的領導地位。

由於南歐國家嚴重的公共赤字，歐洲不得不繼續放任其貨幣逐步貶值。歐元兌美元的匯率，從一．二〇元至一．四〇元，再到一元至一．二〇元的區間後，很可能會下挫跌破一歐元兌一美元，就像歐元兌瑞士法郎已經出現的情況一樣。

法國觀光客已經難以負擔紐約高級餐廳的消費——平均一餐約兩百美元至三百美元之間——而美國觀光客仍然是巴黎五星級飯店的最主要客源。

毫無疑問，香港是觀察這波貨幣流動的關鍵位置。新的數據安全法，使得中國企業家每一次到國外出差都顯得危機重重；二〇二二年上海突然封城，則打消了美國高階主管到中國的念頭。而人稱「第二次冷戰的維也納」、「香料之港」的香港，將是中美兩國商界領袖，在全球唯一能夠進行交流的地方。

「新香港回來了！」將再一次證明香港人憑藉卓越能力，透過重新引導資金流動，推動城市命運，進而重新打造香港，以告別了西方投資流向北京的時代。未來，將促進中國資金外流尋求國際多元化，以及大量湧入來自中東國家的「石油美元」，因為中東國家為了「去風險」，正設法減少對美國的曝險比重。

向來充斥著矛盾現象的香港，現在正開發出獨特的「無政府專政」模式，在個人自由缺乏的情況下，發展了商業的全方位能力。

總括而言，這些貨幣的動盪，延長了「混亂星球」持續期間。其規模可能非常驚人，並在世界三強之間的新依賴關係將發揮重要作用。各國利用這波貨幣動盪的技能，將決定未來全球「大棋盤」的布陣。

02 美中歐如何角力

新的週期，新的地緣政治。中國、美國和歐洲三大經濟體合計占了世界財富的三分之二，在未來的幾年裡，各方之間的權力平衡都將面臨挑戰。

對領導階層而言，治理這種不確定性需要建立一個最有可能發生的中心情境，同時保留足夠的靈活度去應對不在原先計畫內的各種可能變化。

檢視這三大地理區域，並不是為了進行預測，而是嘗試找出未來發生分裂動盪的各種驅動因素。

中國，國富民窮

現在，正是習近平自中共二十大建立新制度的「第二年」。一般推測其制度的關鍵要素在於政府對經濟和社會領域加強控制，以確保維護黨的執政。

其野心勃勃的目標似乎已經失去了存在的理由：在前兩代，中國共產黨先是成功的把日本人趕出了中國，然後是讓人民透過房地產得以致富。然而，如果不斷延遲實現中國夢，尤其是面對必要的環境轉型，那麼，除了民族主義的誘惑之外，對今天的年輕人來說，中國共產黨還代表著什麼呢？

所有前瞻性的思考都苦於缺乏歷史參考，中國現在的情況可說舉世無雙。世界上沒有任何一個國家，其人民只有獨生子女；過去也沒有任何一個社會，讓當地人民承受如此嚴重的房地產危機；更沒有一個處於「中等」生活水準的國家，必須面臨如此沉重的環境責任。

在經濟方面，中國是上述三大經濟體中，第一個準備好進入戰時經濟的。中國政府是唯一犧牲了需求面的支持，引入供給面經濟的政府。北京當局私有化新冠疫情所帶來的損失，而西方則偏向國有化該項損失，然後透過中央銀行將其貨幣化。

西方專家原本期待二〇二三年初的刺激政策將會振興消費，不料被房地產危機拖累。反觀中國要求其人民做出許多犧牲，準備為戰爭提供資金，採取對出口產業提供公共支持的形式，其目的是迫使全球其他國家對中國產生依賴關係。

據中國最具權威的智庫——中國社會科學院的分析指出，在中國，並非如同美國以消費成長帶動國民生產毛額成長，而是國民生產毛額成長最終必須帶動消費成長。

房地產危機將是中國人民要承受的最沉重負擔，其衍生的所有不利後果將由中國人民獨自概括承受。

美國在二〇〇八年處理次貸危機的技巧比較成熟：二〇〇五年，華爾街發覺情況有異，於是聯繫德國和日本的客戶，先將部分問題轉移給他們。當時的聯準會主席柏南克（Ben Bernanke）公開保證：「美國房價不可能下跌。」接著，財政部長鮑爾森藉此機會整合美國銀行業，過程中透露出某些決策乃依其個人偏好。

最後，鮑爾森推出總額高達七千億美元的問題資產紓困計畫，美國家庭因此相對受到保護，而利率下降也使得經濟迅速復甦。

然而在中國，政府沒有實施類似的計畫，相反的，所有損失幾乎完全轉嫁給了把七〇％儲蓄投入房地產中的中國家庭。

中央政府與地方政府對此災難互推責任。地方首長從出售土地使用權所得的收入驟減，這些損失揭露了表外融資的不透明性。這類融資通常透過地方融資平臺或其他方式進行，債務規模龐大，但並未列入官方財務報表中，掩蓋了實質風險。

根據估計，總額幾乎達到中國國民生產毛額的五〇％。然而，中央政府卻假裝從未鼓勵過這些融資結構。

二〇二三年十二月，中國全球化智庫（ＣＣＧ）指出，二〇二〇年中國地方債務總額，包含國有企業的債務在內，實際上比國際貨幣基金組織所估計的高出五〇％，達十二兆五千億美元，即國民生產毛額的八〇％。

在這些融資中，外國投資者所占比例很低，約為三％，中國家庭只能眼睜睜看著自己的錢包不斷縮水，直到完全被抽乾。

新冠清零政策附帶的重要損害，是社會契約的崩潰。鄧小平版的「富起來[6]」隨著推行清零政策而消失無蹤，導致許多小型企業破產。由於二〇二二年西方國家正在重新開放，與中國恰恰相反，因此北京當局的強制政策更加被認為不可接受。這是首次出現國家正面對抗經濟發展。

正如我們所見，二〇二一年夏天中國下令禁止私立線上教育，取而代之的是將習近平思想納入必修課，因此加深了分裂的鴻溝。

獨生子女認同的流行口號是「躺平」，也就是躺在客廳的沙發上度日；接下來便是消沉至「擺爛」，因為害怕承受後果，所以乾脆不處理任何問題；年輕的中國人甚至創造了「內捲」一詞，意思是非理性的過度競爭，反映出他們對社會惡性循環的感受。

在一個僵化的社會，中下階層放棄了追求任何進步的希望。這種感受讓人想起俄羅斯政府的宣傳用語：「未來是固定的，不停改變的是過去。」五年舉行一次的中央委員會第三次全體會議（三中全會），歷來詳細制定重大經濟戰略，理應在二〇二三年十月召開，卻遭無限期推遲[7]，暴露了中國政府難以建立可信的替代系統。

此外，中國社會的核心價值在於家庭，然而家庭的未來命運不禁令人擔憂。

一胎化政策使年輕一代對家庭關係徹底產生質疑，並轉而尋找替代歸屬感。於是，我們看見一位網紅在 TikTok 瘋傳的愛馬仕遊戲影片中成功通關，當開箱展示愛馬仕盒子中的粉色柏金包時，她竟然驚呼：「是個女孩！」

中國不僅是在人口統計方面，教育水準和共同文化資本方面也都在下降，繼二〇四九年超越美國成為世界第一的中國夢之後，還能再追求什麼？也許唯一能實現他們夢想的，將會是城市裡的一億隻寵物，包括了五千五百萬隻狗和四千五百萬隻貓……。

然而，客觀因素顯示我們無須陷入極端衰落論者的立場來看待這一切。「富國」將能夠繼續大力支持那些被認為對國家具有戰略意義的未來產業。憑藉著規模效應，中國仍將是「世界工廠」。

中國人民本質上是勤勞的，因此那些宣告中國會像蘇聯一樣瓦解的預言家都錯了。中國在許多領域的突破將繼續讓世人眼睛一亮，這當中除了其它因素外，主要歸功於國內市場。目前國內市場不對外國人開放，而其規模賦予了決定性的成本優勢。

6 提倡先讓一部分人變得富裕，再由這批人帶動並幫助落後的地區和人民，最終實現共同富裕。
7 中共第二十屆三中全會後來於二〇二四年七月十五日至十八日在北京召開。

特別是在環境轉型技術領域，二〇二二年中國在可再生能源的投資額占全球的五五%，未來應可攻占領導地位。至於電動車方面，據摩根士丹利投資銀行預測，到二〇三〇年中國汽車製造商的全球市占率將達到三〇%左右。

中國在關鍵金屬領域的重要地位仍不容推翻。十年來歷經全球投資不足，如今重新提振，投資金額從二〇一七年的兩百二十億美元，增加到二〇二二年的四百二十億美元。

在能源儲存和碳捕捉領域，中國也將鞏固其主導地位。根據英國氣候變遷委員會（Climate Change Committee）所述，這一戰略市場從現在到二〇三〇年，每年價值可達五千億美元，到二〇五〇年可望減少一九%的全球二氧化碳排放量。

中國國家電網能源研究院制定了北京當局的偉大目標，計畫在二〇三〇年成為「碳捕捉、利用及封存」的全球領導者。屆時，中國的碳捕捉、利用和封存能力將達到十億噸，相對於世界其他地區僅四億噸。

這將是中國到二〇三五年前實現七三%煤炭能源生產「綠化」的途徑。相比之下，法國的目標是在二〇三〇年以前碳捕捉、利用和封存能力達到四百萬至八百萬噸，到二〇五〇年以前達到兩千萬噸。

中國承諾二〇三〇年前實現碳達峰，二〇六〇年前實現碳中和，也就是說中國只給了自己三十年的時間。而歐洲則是承諾從一九九〇年到二〇五〇年，以六十年的時間達到相同的目標。中國很清楚自己必須以加倍速度前進。

儘管各種不同的表象，中國仍保留過去成功的三大支柱。

首先，民營產業將繼續依賴世界上最優秀的企業家，發揮其觀察力並掌握時機：就過去歷史來看，他們代表國家五〇％的稅收，六〇％的國民生產毛額，七〇％的投資，八〇％的就業機會，以及九〇％的企業。

其次，地方的政治領導階層注重在地的經濟發展，並充分意識到跨國企業帶來的利益。上海市政府的情況尤其如此，其三分之一的稅收來自於外商。

最後是渴望進步的年輕人，我們可以在擁有八千萬居民的粵港澳大灣區看到像這樣的年輕人，完全不同於在北京的年輕人和年事已高的黨部高層。

大灣區致力於製造業的創新發展，其宏遠目標是在未來十年內達到相當於德國的GDP。在製造一支 iPhone 所獲得的附加價值中，中國所占的比例從二〇一九年的四％提高到二〇二三年的二五％。

中國積極提高其在全球製造業附加價值中的比重，近十年來，幾乎倍數成長，從二〇一二年的一八％提高到二〇二二年的三二％。

專研亞洲經濟情報的卡拉文卡（Kalavinka）顧問公司，曾經對史丹佛大學管理科學與工程系教授謝德蓀（Edison Tse）做了一次專訪。

孫教授向專家們精闢剖析中國逐步邁向高階市場的趨勢，他指出，中國不擅長突破，但非常擅長執行。電動車、電池、太陽能和風力發電的技術突破並非出自中國，卻是由中國率先實施執行。許多上游零件的生產技術通常是能源密集、勞動密集且對環境有害。這使得中國能夠順利發展這些關鍵技術能力，而西方國家往往遇阻。

我們應該謹記中西方技術的互補，共創美好未來，並對北京（因空汙嚴重而造成的）過早死亡的報告也應保持警惕。即使在今天，仍然存在兩個中國：毛澤東之後是鄧小平！

堅持了長達近三年的「清零」政策在一天內突然放棄了，「零私營」政策也可能遭遇同樣的命運。過去所有押注中國改革能力的人，最終都輸了。然而，一位中國朋友和我談及此事，他幽默的模仿美國CNN頻道主持人進廣告前說的話：「休息一下，我們馬上回來！」（We will be back after the break!），也說明了對中國韌性的信心。

如果在未來，中國出乎意料的提前反彈，很可能要歸功於中國女性。在毛澤東的文化大革命期間，為了響應「婦女能頂半邊天」的號召，她們實際上承擔起國營企業的管理責任。她們的丈夫在生產線上辛勞工作，按件計酬，而她們則在監督機構中受到保護。從那時起，婦女就遠離了政治舞臺，因為她們認為政治是次要的，留給男性從事，以便自己能夠在更為重要的商業領域保有控制權。

這也說明了為何在中國女性億萬富翁和男性億萬富翁的人數一樣多，以及為何保時捷的銷售量平均分配在兩性之間，相較於在西方，八〇%的保時捷車主都是男性。

目前中國的中央政治局都是七十多歲的男性組成，他們能看見女性的潛在反抗即將到來嗎？她們從抵制生育來表達反抗，目前每年的出生人口只有一千萬人，僅達政府目標的一半。真人版《Barbie 芭比》（*Barbie*）電影的女性主義色彩僥倖逃過了官方審查的法眼，其發出的微弱訊號在中國獲得驚人的成功……。

過去幾十年的公私合作夥伴關係（Public-Private Partnership，簡稱PPP）瓦解，將導致價值的增長受限，大約每年增長一％至三％。

總體經濟學家原先預期在人口結構壓力下，從二〇三〇年起才會出現增長速度減緩，不料從二〇二〇年代就被迫開始。中國的地緣政治影響力將因此受到影響。「新絲綢之路」的支票簿政策已進行修改，我們已經看到現在限制每年的資金外流不得超過五百億美元，過去最高峰時達到一千億美元。未來，資金將集中投入能源和環境轉型領域。

下一階段將是為國內生產過剩的產品尋找出路。以電動車為例，僅三分之一產能即滿足當地市場的需求，未來可能面臨出口傾銷，重現二〇一〇年代太陽能相關產品供應過剩的模式。

中國的地緣政治表現形式仍由其經濟利益決定，與美國的救世主主義全然不同。中國在面對俄烏或加薩戰爭時，所表現出的「中立」，主要是為了伺機從中抽取物質利益。外交實踐在中國還是新近的一門藝術，因為直到十九世紀末，政府才設置外交部長一職。

這說明了為何中國人與西方人對該職務的看法有所不同，中國駐法大使盧沙野也強調了這點。在被法國外交部召見之後，他表示中國外交算不算成功，衡量準則在於中國人民的反應，而非外國人的反應。

然而在二〇二三年這種做法顯露出其局限性，當伊朗與沙烏地阿拉伯在中國的斡旋下，於三月在北京簽署和平協定，彰顯中國所謂的大家長地位，十月就爆發哈瑪斯突襲以色列。正如法國前駐華大使馬騰（Claude Martin）在其回憶錄中所說的：「外交不是請客吃飯。」

中國仍將持續拉攏與「全球南方」的關係，儘管這個概念是外交界想像出來的產物，對同質團體來說並不具任何現實意義。加入的國家除了煽動譴責新殖民主義，企圖掩蓋自己國內災難性的治理，也暴露出其經濟失敗的主要原因。

全球南方缺乏共同的組織，彼此利益分歧和文化不相容是無法迴避的問題。中國將利用他們的分歧，從中取得最有利的雙邊利益。

面對新局面，在華的外國企業面臨四種可能。據觀察，西方國家今後在中國有一個系統性競爭對手——新馬克思列寧主義者，但仍有三種長期朋友——地方政治領導人、年輕人和民營企業家。

第一種可能，面對新馬克思列寧主義者，選擇退出中國市場，因為可預期中國市場未來將缺乏獲利能力，完全由國家控制；例如荷蘭特殊化學品集團帝斯曼（DSM），因其競爭對手之一獲得國家資金補助而在中國掀起價格戰後，帝斯曼決定結束在中國的動物營養業務，損失五億歐元。不過，最樂觀的人會在轉讓合約中附加在未來幾年買回的選項，對重回平和日子仍抱持希望。

第二種可能則是得到當地政治領導人的支持，重現一九九〇年代的模式，與國營單位成為合作夥伴設立合資企業。從歷史上來看，由於文化衝突，這類合資企業難以有效運作。如今諷刺的是，這些公營集團往往為了保護自己，未來免於受到來自北京當局的清洗，準備授予外國合作夥伴更有利的條件，尤其是在治理權方面。

第三種可能，與年輕人成為公司合夥人，這就必須先熬過黑暗期，等待黎明出現，最重要的是在中國這個仍占全球國民生產毛額二〇%的重要市場，先求維持生存。

至於西方企業的挑戰，將是如何透過股利流出，逐步減少現金淨曝險（net exposure）。就像奢侈品的大型集團，仍被中國六百萬名擁有超過一百萬美元流動資金的富豪，和八萬名擁有超過三千萬美元資金的超級富豪所吸引。

對這些權貴人士來說，在沒有任何稅制改革的情況下，中國仍然不可能成為股息、資本利得或遺產都無須課稅的避稅天堂。

這也說明了瑞士信貸分析專家的估計：「最富有的一％中國人擁有全國三〇％的資產，而最富有的一％美國人擁有全國二五％的資產。」

最後，第四種可能，也是在戰略上最有吸引力的模式，即與中國民營企業結盟：這是指和原來配合的中國供應商合作發展「中國加一」戰略，強調「去風險化」，透過向海外發展來降低對中國營運的依賴。斯泰蘭蒂斯汽車集團（Stellantis）便採用此方案投資加入中國新創企業零跑汽車（Leapmotor），並因此有權控制其未來的出口，預計出口業務將是該集團未來絕大部分利潤來源。

結合以上各點，我們不該低估繼續進行開放的中國，但也不該高估決定自我封閉的中國。

美利堅（不）合眾國的超級強權

在未來幾年，中國不是唯一出現矛盾的國家。美國在經濟領導力增強的同時，國內也衝突不斷，越來越有內戰的氛圍。

美國境內現有四億枝槍枝流通，這個國家首次意識到少數族群——黑人、拉丁裔，以及亞裔——即將成為本國人口的多數。這種衝擊難以處理，因為反對它就等於違背三個世紀以來美國賴以成功的基本價值觀。這也說明了為何美國社會開始走向分裂，甚至深入家庭內部。

這種社會衝擊解釋了川普能夠征服共和黨陣營的原因。能夠應付內戰崛起所需要的人格特質，在耶魯或哈佛的校園裡是找不到的。得要有個局外人來做骯髒的工作，美國憲法允許他在四年後得到感激。

值得注意的是美國與中國之間的對稱發展，這兩個國家的菁英分子在同一個十年間，決定將自己的命運分別託付給一個自學成材的人：美國的川普是「交易的藝術」大師，他將生存簡化為一連串的交易關係，就像所有成功的房地產開發商；中國的習近平則是精於奪取和把持權力的高手，是忠於一黨的好學生。

和中國一樣，美利堅（不）合眾國的社會契約已被打破。大多數美國人首度認為後代子孫的物質生活將會比自己過得更差。

根據華府智庫皮尤研究中心（Pew Research Institute）的資料顯示，十八歲至四十五歲的人口當中，有四五%表示未來並不打算生養孩子。在一九七九年至二〇一九年間，平均實際家庭收入每年僅增加一．一%，而同期房地產價格卻漲至三倍之多。美國頻傳大規模槍擊事件，動輒造成四人以上死亡案例，就連美國文化象徵之一的公共娛樂現在也令年輕人卻步。此外，美國疾病管制與預防中心於二〇二二年所做的一項調查顯示，十五歲至十八歲的女學生當中，有三〇%曾考慮自殺。

在二〇二一年，近十萬人死於濫用鴉片類藥物，其中四分之三含有中國生產的強效類鴉片止痛劑吩坦尼（fentanyl），猶如十九世紀鴉片戰爭的反轉重現。

與此同時，覺醒主義（wokism）的概念蔚為風潮強迫洗腦，完全違背了前幾代人創造成功的價值觀：在二〇二三年，四六%的美國人一整年都沒有讀一本書；思想開放與寬容正被單一思維與政治正確的閹割標準取代。

幸好我們看到了希望的曙光：百威啤酒（Budweiser）和維多利亞的祕密（Victoria's Secret）等具有象徵性的品牌承認，他們過去屈服於時代潮流是一項錯誤。在歷經兩年內銷售額下跌超過十億美元後，維多利亞的祕密這個女性內衣品牌已經放棄了展現包容力的定位。

然而傷害已經造成，美國夢已不復存在！

同一時間，美股科技七巨頭正說明了法國前外交部長韋德里納所描述的「美國超級強權」。在地緣政治方面，美國已經從外交領域擴展到商業領域，科技七巨頭是美國統治全球的新武器。

在二〇二三年前三季，它們的股價增值幅度超過摩根士丹利所有國家世界指數（MSCI All Countries），該指數由三十七個國家股市的三千家大型跨國公司組成。

換句話說，全球的價值創造都被這幾家美國冠軍企業吞噬了。然而，這種趨勢拉抬了這些公司的股價估值，不禁令人想起一九七二年和二〇〇〇年股市觸頂後反轉向下的風險。現今財富集中在極少數人手中，嚴重程度可謂前所未有，僅次「咆哮的二十年代」

（Roaring Twenties）[8]，然而大家似乎忘了那時六〇%的美國人生活在貧窮線以下。

二〇一〇年至二〇二三年間，美國公司在MSCI所有國家世界指數的權重從四〇%上升至六〇%。儘管Uber累計虧損已達三百一十億美元，美國是全球唯一為其價值創造提供十年融資的地方。

至於每股盈餘，也就是股市價值創造的最終衡量標準，美國標準普爾五百指數（Standard & Poor's 500）每股盈餘在二〇一一年至二〇二二年間上漲一一二%，而MSCI歐洲指數每股盈餘上漲四一%，MSCI中國指數每股盈餘則下跌七%。

中國這個新超級大國的地緣政治影響仍有待發掘：目前中國人工智慧領域的「全國冠軍」百度集團，其市值只有四百億美元，僅相當於微軟六個月的利潤。

這並不代表中國缺乏人才，而是受限於美國禁止對中國出口先進製程晶片。二〇二三年十一月，阿里巴巴集團公開承認，由於無法確定獲得最好的微處理器以致未來成長可能受阻，旗下的雲端服務子公司決定放棄上市計畫。

8 指一九二〇年代。當時適逢一戰後，美國經濟蓬勃發展，特點是高經濟增長、強勁的市場回報和不斷提高的生產力，但同時收入不平等及貧富差距也極大。

再者，中國的科技受到共產黨的控制，尤其是屬於少數寡頭壟斷甚至獨占的先進數位科技領域。未來這些限制可能更加嚴格，特別是如果美國決定切斷開放原始碼的存取權限，例如 GitHub 程式碼平臺。根據估計，該平臺的一億程式碼使用者當中，中國人占了二〇%。

生成式AI何時提高美國未來的生產力，將決定山姆大叔的地緣政治行為。從今以後，智庫不能再忽略對技術發展的密切關注，才能了解未來國家之間的關係。

創新的爭奪戰將以平臺概念為主軸發展，可能出現五大創新平臺，分別為：機器人技術、能源儲存、DNA定序（DNA sequencing）、區塊鏈和人工智慧。中國很可能在前兩項有令人驚喜的表現，美國則可能在其他三項勝出，特別是最後一項。

監督這場人工智慧革命，在金融、健康這兩大優先領域的進展極為重要，而基於監管和其他原因，個人資料在此之前並未被利用。

莫德納和BNT集團領導人宣布，利用 mRNA，將能以人人負擔得起的價格，實現個人化醫療。當各國政府未能把握機會決心改革，這群人因為歷史的週期出現了斷裂性變化，在嚴峻的危機時期勇於創新。

一九七五年，賈伯斯（Steven Jobs）發明了個人電腦，比爾蓋茲則開發了作業系統。將現代科技發展，與一九七〇年代的技術革命相比，就知道這種變革性技術需要時間才能完全發展，並融入全球經濟。

而生成式人工智慧革命從開發到應用實現獲利，根據估計需要至少五年。顧能資訊科技顧問公司（Gartner）預計美國在二〇二四年的人工智慧相關軟體支出僅兩百億美元，只占全球預算的〇．五%。它需要花費時間，設置必要的進入壁壘（barrier to entry），而這無疑是監管性質的，不允許使用開放原始碼來建構演算法。

屆時，傳奇投資人卡爾．伊坎（Carl Icahn）就可以繼續炫耀、譏諷他的同業說：「有些人試圖用人工智慧來賺錢，而我努力用天生的愚蠢來賺錢！」

這樣的時間表，使美國得以將其超級強權延伸到附加價值較低的服務領域，而這也是中國準備在二〇二〇年上半年占據領導地位的領域，當時正值新冠疫情時期。

中國教育領域的新東方、好未來、有道，醫療領域的平安健康，金融領域的陸金所，都是由中國傑出的企業家所領導。他們憑藉驚人的高效數位應用，以自己的方式企圖推翻美國領導地位。

從這些例子，可以看見中、美兩大國之間的競爭，極度變化多端，因此很可能在短短幾年內就局勢翻轉。這也說明了為何美國領導人要等到確定能夠永保技術領先後，才會決定從「遏制」階段轉入「接觸」階段，正如一九七五年季辛吉的作為。

美國的技術超級強權將變得更加明顯，因為它同時從供應戰時經濟的各項必需品中獲得利益：首先是軍備，美國的技術優勢將在俄烏戰爭中展現。

美國每年在國防投資約八千億美元，預料將因加速向盟國出口武器而加強投資。從歐洲開始，英國－德國－波蘭新軸心將向華盛頓採購，造成法國工業利益受損；德國總理蕭茲釋出的一千億歐元，與波蘭編列GDP的四％用於國防預算，將一起充實美國軍事工業生態系統的金庫。

接著，能源產業也讓山姆大叔成為戰時經濟的大贏家，尤其是在液化天然氣方面，已成為全球最大出口國。

歐洲的能源需求從依賴俄羅斯換作依賴美國，只能祈禱二〇二六年或二〇二七年開始，卡達的供應量可以增加。前面已經提過，二〇二三年美國石油產業以雪佛龍和埃克森為首進行了整合，以利美國在能源轉型的步伐中再次取得領導地位。過程中以犧牲再生能源新進企業為代價，主導權掌握在歷史悠久的石油巨頭手中。

最後，美國農產品仍是增加對中國出口的關鍵項目。

它將維持現代版「修昔底德陷阱」的矛盾，即現有強國先出售農產品給新興強國，後者再出口組裝完成的高科技產品給其競爭對手。中美透過每年超過七千億美元的雙邊貿易，充分維持密切關係。

就地緣政治方面，美國最大的危險並非來自外部，而是內部。

據推測，最可能的情況是北京的新政策意外的減緩了對美國的經濟威脅，而華盛頓當局正在拉攏主要盟友，以求達成共識。

拜登政府的外交成功同時凸顯在與越南的關係，二〇二三年美國與越南簽署了「全面戰略夥伴關係」；在日本方面，日本決定將軍事預算增加一倍；在南韓方面，南韓已同意根據在大衛營（Camp David）簽署的協議，與日本鄰國拉近關係，極具歷史性意義；以及印度加入美國、澳洲和日本組成「四方安全對話」以保護國防利益。

由於成功遏制中國，美國內部再次表現出超級強國的傲慢，美國前財政部長桑默斯曾說：「歐洲是博物館，日本是養老院，中國是監獄。」

美國將繼續借貸度日的生活，美國政府債務高達三十二兆美元，每年支付的利息約九千億美元，比國防預算還高。此外，一半的債務將於二〇二五年到期，未來的利息負擔更為加重。美國國會預算局（Congressional Budget Office）非但沒有提出警告[9]，還預測未來十年預算赤字占GDP的比率不會降至五%以下。

要是山姆大叔繼續忽視，超過六十億的非西方國家人民有多麼無法忍受它這個超級大國，並視其為新殖民主義者。

根據英國劍橋大學班尼特公共政策研究所（Bennett Institute for Public Policy）調查，非西方國家人民當中有七〇%對中國抱持好感，六六%對俄羅斯抱持好感。他們仍記得美國在二十年間對伊拉克和阿富汗戰爭花費數十兆美元。

在聯合國大會投票時，他們以越來越強烈的方式公然表達對美國的敵意，但美國領導高層似乎沒有特別留意。即使在美國的盟友之間，美國法律的治外法權也變得過度。例如，《雲端法》（CLOUD Act）[10]讓美國法院可以下令存取世界任何地方的資訊，只要該資訊是由國家的服務供應商託管。

實際上，最可能的情況是山姆大叔持續封閉，追求「邪惡軸心」，最後導致團結敵人，而不是《孫子兵法》的分化敵人。

對歐洲社會而言，美國在未來幾年的地緣政治霸權不容忽視。它促使歐洲工業加速遷移至美國，以便從新一代的「咆哮的二十年代」中受益，享有技術生產力提升、更廉價的能源和「降低通膨法案」承諾的稅務減免。

自「降低通膨法案」推出以來，美國潔淨技術（cleantech）的投資六〇％來自以韓國、日本和德國為主的外國公司。毫無疑問的，在德國的變化最為顯著。

德國 DAX 指數的重量級企業，面對蕭茲紛亂無序的執政聯盟，明顯保持沉默，反映出他們對《二〇三〇可持續發展議程》已經放棄所有希望，轉而接受「降低通膨法案」的邀請，到大西洋彼岸以低廉的成本把握下一個成長週期。

9 據報導，國會預算處在二〇二四年二月有提出警告，參考連結：https://reurl.cc/7dNVjD。
10 全名為《釐清境外合法利用資料法》（Clarifying Lawful Overseas Use of Data Act, CLOUD Act），於二〇一八年三月二十三日由當時的美國總統川普簽署生效。

歐洲的反彈生機？

這場正在進行的遊戲中，歐洲將繼續成為大輸家。歐洲的政治領導人給人的印象如同歷史學家克里斯多福・克拉克（Christopher Clark）所著的《夢遊者》（暫譯，*The Sleepwalkers*）情境，該書對第一次世界大戰的開戰背景做了最詳實精闢的分析。

如果歐盟國家仍然沒有意識到從一九八〇年以來，其在全球國民生產毛額的占比下降乃源於中國的崛起，那麼就等著未來被美國吞噬，美國一直憂心中國超前。

美國在世界總財富的占比為二六%，而歐洲為一八%，與中國的占比相近。美國若不想最終被中國的崛起壓倒，就必須逐步占領歐洲的份額。

中美兩國在歐洲開啟「先到先得」的賽局，很可能導致布魯塞爾從全球地緣政治決策中消失，轉而成為中俄美三方媒合的勢力範圍。可以肯定的是，在找到解救良方之前，歐洲首先會繼續衰落。

歐洲領導人忘了自己的歷史：當斯巴達和雅典對峙，在開戰前，各自的軍隊首先掠奪鄰近農場的食物。同樣的，第二次冷戰亦是如此，美國和中國對峙，首先掠奪的是在歐洲的共同利益。

如大家所見，北京盡力以低層次的易貨貿易，取得俄羅斯的碳氫化合物；美國則要求歐洲盟友支付軍事援助和運輸液化天然氣的費用，還邀請歐洲大型工業遷往美國營運。據彭博社估計，目前歐洲工業部門的天然氣用量比新冠疫情之前減少了二五％，這是工業外移的最佳說明。

雖然面對衰落的前景，別擔心，我們堅信民主國家終將獲得最後的勝利，因此沒有理由恐慌。只是很遺憾的，民主國家往往是先輸後贏。

想要在一九四〇年聽到英國首相邱吉爾（Winston Churchill）說「鮮血、辛勞、眼淚和汗水」（blood, toil, sweat and tears）[11]，就必須先經歷一九三八年，英國首相張伯倫和法國總理達拉第（Daladier）簽訂《慕尼黑協定》（*Munich Agreement*）後所說的：

---

11 二戰期間，納粹德國入侵法國時期邱吉爾對下議院的演講中的名句，該演講表達並鼓舞對納粹德國的抗爭決心。原句為：我能盡心奉獻的別無他物，只有鮮血、辛勞、眼淚和汗水。（I have nothing to offer but blood, toil, tears and sweat.）

「啊！混蛋，如果他們知道的話。」[12]

只要政府對人民撒謊，民主國家就會敗亡；一旦真相被揭露，民主國家最終一定贏，這是二戰給我們的教訓。而在另一方面，選舉出身並在法國西南地區執政多年的喬治．弗雷什（Georges Frêche）詮釋了真正的民主精神。

他認為，作為真正的民主人士，任何真相都可以說出來。他很開心的宣稱：「我是由八〇％的蠢蛋選出來並且連任的。我可以公開的這麼說，因為每個人都相信自己是屬於二〇％的那部分！」

現在問題的嚴重程度令消費者震驚，正如我們所見，規模大約是一九七三年至一九七五年期間的三倍。

根據歐洲的社會價值觀（先撇開其政治弱點），歐洲選擇透過增加公共赤字來保護人民。這個選擇完全值得尊敬，沒有影響到其它公共支出。民營企業的重組不但付出成本高，且常常緩不濟急，是科技產業的致命弱點，即使是大型的領導企業，也是經歷多次調整商業模式才逐漸起飛。

法國源訊公司（Atos）的巨額虧損就是一例：在二〇二二年至二〇二三年間，該公司為遣散不稱職的經理人必須花費十億歐元，和僅二．五億歐元的研發預算相比，相當於四倍之多，然而研發預算對集團未來具有決定性的影響。在二〇二五年及二〇二六年將有一半的高收益債務到期，屆時歐洲企業的重組可能更加困難。

當利率上升時只有兩個選擇，一是主權債務違約，二是央行再將公共債務貨幣化，二〇一〇年代即採後者。可以肯定的是，為了政治方便，債務貨幣化將再次中選。面對那些主要競爭地區，歐元貶值將成為缺乏生產力增長的補充麻醉劑。這將會加速歐元區的貧窮化。

歐洲能否化險為夷，取決於其反彈能力。二〇二三年十月，當拉脫維亞籍的歐盟貿易專員（European Commissioner for Trade）東布羅夫斯基斯（Valdis Dombrovskis）前往北京時，出現了潛在反彈的曙光。他在與中國高層官員對話時指出，歐盟對中國貿易的巨大逆差接近四千億歐元，歐洲不準備再接受中歐雙邊貿易的不平衡現象。二〇二二年

12《慕尼黑協定》是綏靖（姑息）政策的具體展現。捷克斯洛伐克的蘇臺德地區擁有許多使用德語的日耳曼人，故成為希特勒擴張的目標。歐洲各國普遍相信此協定可以滿足希特勒的野心，並防止戰爭發生，但最終失敗。

的斷絕把世界的分裂推向無法回頭的地步，歐洲必須深思這項結果並付諸行動，如果嘗試獨自對抗這個無法回頭的趨勢將會適得其反。

歐洲是出了名的天真，而他們是否要就此拋棄？這份天真讓歐洲向外國企業開放了八〇％以上的招標案，而美國僅三〇％，中國則為零。

在歐洲電動車方面，由於製造電池也具汙染性，所以和燃油車相比，歐洲的電動車在法國必須行駛十萬公里後或在德國行駛十五萬公里後，才能攤平製造過程中產生的汙染，達到環境平衡。

有鑑於中國電動車的二氧化碳排放量是歐洲競爭對手的兩倍，歐盟最終是否會針對中國進口電動車的碳足跡徵稅？中國從歐洲獲得的這些盈餘間接成為購買俄羅斯碳氫化合物的資金，而這筆資金又使俄羅斯可以獲得武器來向他們的表兄弟烏克蘭開火。

然而，歐洲恢復生機的反彈動力勢必來自歐洲東部，否則便沒有機會出現。比如，德國政府似乎終於意識到自己過去一直是中國工業政策的首要目標，反彈動力將從德國開始傳播。中國的優先目的是藉著能源價格暴漲，推翻德國在汽車和化學等工業的世界領導地位。傳統上，德國一向進攻緩慢，但反擊力道強大。德國政府已表示，對於德國企業在華投資不再提供國家擔保。這只是主餐前的開胃小菜！蕭茲在布拉格發表有關歐洲未來的演講，象徵了歐洲政策轉向東部。

這種重新平衡呼應了法國作家米蘭・昆德拉（Milan Kundera）的精采著作《一個被綁架的西方國家或中歐的悲劇》（*Un Occident kidnappé*）。

昆德拉於一九八三年發表的這篇評論，描述中歐如何在最狹小的空間提供最豐富的文化多樣性，反觀俄羅斯在最大的空間只產生最有限的文化多樣性。要挖掘出歐洲反彈力量的泉源就必須從這裡開始。

就定義上，這種反彈動力必須建立在重新找回政治勇氣。它涉及面對所謂的「專制」國家，在「民主與獨裁的」對抗中，比較適當的做法是分化獨裁國家，以阻撓其團結。這種對抗可能在思想層面令人愉悅，但在戰術上卻可能產生與預期相反的效果。隨著時間的推移，獨裁陣營的分裂終將顯現。

總有一天，俄羅斯會注意到「西伯利亞力量二號」天然氣管道沒有獲得中國的資金，其未來的收入將大受限制；伊朗和沙烏地阿拉伯將持續在什葉派和遜尼派之間的無休止宗教紛爭中分裂阿拉伯世界；土耳其在純粹的交易關係中最終恐自食惡果，二〇二四年利率已升至三五%！

歐洲應該學會發現自己的優勢並加以利用，而不是成為其中的一分子。

面對美國，歐洲同樣應該發揮政治勇氣，大家還記得自二〇〇三年法國總統席哈克堅決反對美國入侵伊拉克以來，歐洲錯過多少會談。在美國聲稱伊拉克擁有大規模殺傷性武器的謊言被揭穿後，這項反對使法國贏得了世界的認可。

此外，有兩個教科書級的案例，需要重新仔細研究：二〇一七年美國退出伊朗核協議後，歐洲怎麼會任由該協議瓦解？這可是把伊朗和俄羅斯納入歐洲利益關係的千載難逢機會；德國和法國又怎麼能夠與普丁斡旋失敗，允許美國暗中破壞「諾曼第模式」談判？該談判本來應該讓烏克蘭中立化，避免被入侵。

不過中國恐怕無法壟斷意識形態，歐洲將繼續與中國激烈競爭。

在和平經濟時期，自由貿易和自由移動的原則是多麼值得稱讚，然而在戰時經濟時期，依然盲目的歐洲立法者對其決策產生的實際後果毫無察覺。我們的中低端汽車產業可能再幾年就會證明這點。禁止許多產業進行大規模的泛歐整合，將阻礙歐洲企業對抗主要來自中國的新興全球冠軍企業。

然而，能否重新找回政治勇氣是一場高風險的賭注，還不如指望歐洲的私人大型企業提供最可靠的復甦機會。在和平經濟時期，我們這一代人已將政治事務交給平庸之輩，真正有才能的人都投入商界，大家只要想想 Google 對社會的影響力，遠超過任何負債累累的公部門就能明白了。

如今，歐洲跨國企業的影響力似乎僅限於地球上最和諧，且令其他地區稱羨生活風格相關產業。這些大集團不追求現下的覺醒主義，依然繼續汲取歐洲無與倫比的文化多樣性所涵養的獨特創造力，這也是昆德拉特別珍視的。

奢侈品產業是歐洲吸引力的象徵。路易威登品牌新任非裔美國設計師菲瑞．威廉斯（Pharrell Williams）的二〇二三年夏季時裝秀，在網路上吸引了超過十二億人次瀏覽，幾乎等於地球上能用電的人當中，每五個就有一個上網瀏覽過。

僅憑這項表現，就足以說明路易威登集團加入聯合國教科文組織成為合作夥伴的理由，因為它對世界文化的貢獻，甚至超越許多代表國家。

整體而言，對大型工業集團，無論歐洲或法國都不存在任何必然的不利因素。前述這些世界級冠軍企業的影響力，說明了歐洲仍是對國際貿易最開放的經濟體。歐洲對中國的出口是美國的兩倍。

被譽為能源轉換全球領先企業的法國施耐德電氣（Schneider Electric）就是很好的例子。施耐德電氣的成功，首先要歸功於董事長趙國華（Jean-Pascal Tricoire）。

他是巴黎證券交易所四十大企業中，少數在國外居住的企業領導人之一，他從十幾年前就一直居住在香港。他帶領該集團已逾二十年，領導戰略遵循鄧小平一生的三個要素，正如傅高義（Ezra Vogel）在《鄧小平改變中國》（*Deng Xiaoping and the Transformation of China*）這部引人入勝的傳記中所描述：「遠見、決心和勇氣。」

趙國華對未來的遠見秉持一個簡單目標，這也是他與世界各地團隊的共同目標：「用電，是二十一世紀人類的基本權利。」他用一句話來解釋自己的決心：「讓所有團隊都往前跑，每年都像跑馬拉松，我會不斷的把終點線推得更遠。」他展現勇氣做出眾人反對的決策，例如在二〇一七年，不顧財務分析師的意見，收購英國軟體公司劍維（Aveva），以期領先競爭對手為未來的物聯網整合軟硬體，優化能源消耗。

「遠見、決心和勇氣」，這正是太多歐洲老闆失去的精神。

二〇二一年，《世界報》（*Le Monde*）回顧了一九七五年，當時還只是中小企業的梅里埃研究所（Institut Mérieux），在短短幾個月內為八千萬名巴西人接種預防腦膜炎疫苗，那是一場令人難以置信的群體行動。

報紙的文章標題為「今天這種事，絕對不會再發生了」。企業總裁阿蘭．梅里埃（Alain Mérieux）描述了事發當時他的緊急處理過程：「我們沒有拿到建築許可就開始蓋一棟新的建築物，只通知了市長。」

後來一位行政部門官員因為他沒有遵守行政手續非常不高興，要求他面對現實。曾經在軍隊中擔任後勤軍官的他反駁道：「先生，法國將軍從不屈服，即使是面對顯而易見的事實！」如今，面對日益荒謬的歐洲法規，學習阿蘭的智慧將是最佳應對之道：「抵抗和服從，這是公民的兩種美德。透過服從能確保秩序；透過抵抗能確保自由。」

《世界報》稱當時的疫苗接種行動「結合了野心、膽識和熱情」，歐洲要繼續生存就必須重新找回這種精神。

最後，在政治和商業領域之外，歐洲若要重回世界舞臺，絕對需要一個新的社會契約。而這個契約必須是來自法國前總理愛德華．菲利普（Édouard Philippe）所稱的「戰鬥社會」（société de combats）。

「戰鬥」並不是指戰爭，直到現在二十一世紀，所有戰爭都是發動戰爭的一方最後戰敗。所謂「戰鬥」，是指重新找回「想要的慾望」。

據《觀點》週刊在二〇二三年公布的調查顯示，十八歲到二十五歲的年輕人有四三％，在過去十二個月沒有性生活，而在二〇一五年這比例僅二五％。反對遠距辦公的人們都不禁對這個後疫情時代感到疑惑：「這些年輕人不做愛也不工作，那麼他們每天都在做什麼？」

事實上，新興一代正在進行無聲的革命，目的是為了創造新的生活方式。

支持他們父母輩生活的那套經濟公式已經不管用，現在即使是理工科畢業的高材生，也沒有足夠能力去生養三個孩子，並住在巴黎的高級住宅區。除非他願意冒險創業成為企業家，但平均來說，創業成功的人不到五％。

歐洲年輕人將更喜歡創造新的模式，聚焦於從疫情期間的封閉生活中所出現的三種深刻變化：第一，對健康特別關注，強調安康幸福和保護地球，同時照顧身體和心靈；陷在否認狀態的美國，有可能忽略這點。

第二，掌握網路生活，平衡切換於現實世界與元宇宙（metaverse）之間，以及和朋友聚會的夜晚與網路遊戲的虛擬身分之間；作為一胎化政策的犧牲者，中國將無法建立這樣的生活。第三，在行動和存在中追求意義，對美國的覺醒主義和中國的「躺平」都將保持距離。

法國政治經濟學家尚．莫內（Jean Monnet）曾言：「歐洲在危機中形成，它將是解決這些危機的總方案。」如果歐洲出現反彈，不會建立在技術或意識形態的基礎上，而是社會契約重建的基礎，中國和美國都正努力重新定義他們的社會契約。

把責任完全留給下一代是不公平的。重新組織團結的方向才是適當做法，如前面所言，轉移的方向必須反轉，今後應該從年長者轉向年輕人。

傑出經濟學家菲利普．阿吉翁（Philippe Aghion）提出未來可行道路，建議將法國延長退休年齡帶來的每年收入，作為給優秀學生加發一年全民基本收入（Universal Basic Income）的專款。毫無疑問的，要讓政府能走這條路，首先必須強制年滿十八歲的年輕人出來投票[13]。

---

13 法國十八歲至二十四歲的年輕人中，約有半數不參與投票。

結語
斷絕，是新的開始

在哈佛大學，畢業日稱作「Commencement」，為開始之意。這意味著快樂的畢業生即將開始人生的新階段。同樣的，二〇二二年出現世代斷裂後，在二〇二三年開啟的週期，所有決策者應視其為一個開始。

我們不能宣告終止三十年的循環，投入新時代，卻不要求任何新技能。

現在有一種職銜稱作「地緣政治風險總監」，即將以外來者身分進入所有大型跨國公司的執行委員會，已經可以看到它在美國和日本出現。如果歐洲想適應正在實施的規則，它必須迅速傳達至歐洲。

這個新的責任不可孤立執行各自為政。它不能交付給已屆黃金退休的優秀前外交官或前情報專家。誠如法國政治家阿里斯蒂德・白里安（Aristide Briand）所言：「外交官只有在開始工作時才是危險的。」能夠將地緣政治和經濟這兩個過去完全相互漠視的領域，成功的融合於推論思想的首批企業領導人，將是進入戰時經濟的大贏家。

現在的戰爭型態是混合戰，將從軍事轉移到經濟領域，尤其轉移到科技方面。

雖然不會讓地球全面陷入衝突，但全球將轉向戰時經濟，而且必須適應劇烈變化的價值轉移。所有企業的主要基礎都將會受到影響：包括資產負債表政策、定價和成本管理。贏家將會是新ESG（能源、安全和戰爭）的信徒。

這些發展將孕育新的思想流派。地緣政治學家不能再容許自己忽視經濟，因為經濟將會干擾他躲在象牙塔裡與現實隔絕所進行的分析。

正如在所有斷絕時期，奧地利政治經濟學家熊彼特（Schumpeter）提出的「創造性破壞」（creative destruction）將以其特有的狂暴方式展開，歷史性的智庫（think tanks）將因為出現了實行破壞性建議的行動庫（action tanks）而被掃蕩一空。

達沃斯論壇（forum de Davos）應該停止在穿梭來回的私人飛機之間夢想「重建信任」，而是聚焦於「學習在缺乏信任的世界中生存」的概念。

在舊與新的世界之間，我們無疑會經歷痛苦的過渡階段。這將帶領我們進入高度顛簸的亂流區，我們的舊式安全帶暴露出無法再提供有效保護。我們將穿越一個令人聯想到一九七〇年代停滯性通貨膨脹的「混亂星球」，拜技術創新之賜，特別是生成式人工智慧，讓我們可以像一九八〇年代，最終可以朝向恢復進步的方向落地。

回想一九八九年的最後關鍵日，反省當時所犯的兩大評估錯誤，我們將引以為戒。第一個錯誤是沒有評估當時分裂的嚴重性，嘗試否認我們不喜歡的事實。這正是法國的作風，法國是唯一最初試圖反對德國統一的國家；第二個錯誤，將慾望誤當成現實，以致表現出傲慢態度。學者法蘭西斯・福山曾提出「歷史的終結」有利於西方國家，但幾年後紐約世貿中心的悲劇狠狠的反駁了這點。

不論是相信世界會回到昨日的平衡，或是相信明天的世界一定會衰退，都同樣危險。為了進入這個新時代，最好的方法就是逃出我們的舒適區。

舒適將只保留給「自以為厲害的蠢蛋」，現在比以往任何時候更加是如此。

國家圖書館出版品預行編目（CIP）資料

歡迎來到戰時經濟：盤據市場、追求 ESG、撤出中國……都行不通！戰時生活怎麼好過？／大衛．巴維雷斯（David Baverez）著；黃明玲譯
-- 初版 . -- 臺北市：大是文化有限公司，2025.01
272 面；14.8 × 21 公分 . --（Biz；474）
譯自：Bienvenue en économie de guerre!

ISBN 978-626-7539-67-5（平裝）

1. CST：經濟戰略　2. CST：經濟情勢
3. CST：國際經濟關係

552.1　　113015902

Biz 474

歡迎來到戰時經濟

盤據市場、追求 ESG、撤出中國……都行不通！戰時生活怎麼好過？

作　　者／大衛．巴維雷斯（David Baverez）
譯　　者／黃明玲
責任編輯／楊明玉
校對編輯／陳家敏
副 主 編／蕭麗娟
副總編輯／顏惠君
總 編 輯／吳依瑋
發 行 人／徐仲秋
會計部｜主辦會計／許鳳雪、助理／李秀娟
版權部｜經理／郝麗珍、主任／劉宗德
行銷業務部｜業務經理／留婉茹、專員／馬絮盈、助理／連玉
　　　　　　行銷企劃／黃于晴、美術設計／林祐豐
行銷、業務與網路書店總監／林裕安
總經理／陳絜吾

出 版 者／大是文化有限公司
　　　　　臺北市 100 衡陽路 7 號 8 樓
　　　　　編輯部電話：（02）2375-7911
　　　　　購書相關資訊請洽：（02）2375-7911 分機122
　　　　　24小時讀者服務傳真：（02）2375-6999
　　　　　讀者服務E-mail：dscsms28@gmail.com
　　　　　郵政劃撥帳號：19983366　戶名：大是文化有限公司

香港發行／豐達出版發行有限公司 Rich Publishing & Distribution Ltd
　　　　　地址：香港柴灣永泰道 70 號柴灣工業城第 2 期1805 室
　　　　　Unit 1805,Ph .2,Chai Wan Ind City,70 Wing Tai Rd,Chai Wan,Hong Kong
　　　　　Tel：2172-6513　Fax：2172-4355
　　　　　E-mail：cary@subseasy.com.hk

封面設計／初雨有限公司
內頁排版／陳相蓉
印　　刷／韋懋實業有限公司
出版日期／2025 年 1 月初版
定　　價／新臺幣 460 元（缺頁或裝訂錯誤的書，請寄回更換）
I S B N ／978-626-7539-67-5（平裝）
電子書 ISBN／9786267539651（PDF）
　　　　　　9786267539668（EPUB）
有著作權，侵害必究　Printed in Taiwan

Bienvenue en économie de guerre!
© Novice, Paris, 2024
Complex Chinese language edition published by arrangement with Novice Editeur, through The Grayhawk Agency.